Edition Mandarava
Sequoyah Verlag

„Verlagshaus zum Wohle aller fühlenden Wesen"
Kalligraphie von S.H. dem 17. Karmapa Ugyen Trinley Dorje

SEINE HEILIGKEIT DER 17. GYALWANG KARMAPA · OGYEN TRINLEY DORJE

DIE ZUKUNFT IST JETZT

108 RATSCHLÄGE, UM EINE BESSERE WELT ZU SCHAFFEN

THE ACADEMY OF EVERYTHING IS POSSIBLE

Sequoyah Verlag • Edition Mandarava

Edition
Mandarava

EDITION MANDARAVA IM SEQUOYAH VERLAG

1. Auflage 2010

Aus dem Englischen übersetzt von Sylvester Lohninger
Redaktionelle Mitarbeit: Andrea Liebers und Lisbeth Benzl
Graphische Bearbeitung: Elisabeth Frischengruber

Die Originalausgabe erschien unter dem Titel:
„THE FUTURE IS NOW“

Die Originalausgabe erschien 2009 bei Hay House Inc. USA
Tune into Hay House broadcasting at: www.hayhouseradio.com

Konzept: Gordon Campbell at www.theacademyofeverythingispossible.info
Buchdesign und Bildauswahl: Paul O'Connor
Übersetzung aus dem Tibetischen: Ven. Ringu Tulku Rinpoche
Projektmanagement: Paula Litzky
Covergestaltung: Paul O'Connor
Coverfoto: James Gritz / © Karmapa Foundation.

ISBN 978385466-069-9

Edition Mandarava im
Sequoyah Verlag
Blättertal 9
A-2770 Gutenstein
Tel. +43-(0)2634-74171
Fax +43-(0)2634-74174
info@sequoyah-verlag.at
www.sequoyah-verlag.at

HULDIGUNG

Gift und Feind dieser Welt,
erklärte er, ist das Wachstum von Gift im Geist.
Er schnitt dieses Wachstum mit dem Schwert der Weisheit ab.

Vater und Mutter dieser Welt,
erklärte er, sind die zahllosen fühlenden Wesen,
und er nährte sie mit Liebe und Mitgefühl.

Freude und Elend dieser Welt,
erklärte er, sind das Ergebnis unseres eigenen Karma,
und er zeigte uns die Wege, es zu reinigen.

Zuflucht und Führer dieser Welt,
das verstehe ich, ist der Prinz der Sakya,
und demütig verbeuge ich mich zu seinen Füßen.

INHALT

BOTSCHAFT VON SEINER HEILIGKEIT DEM DALAI LAMA

Ich möchte meine Wertschätzung und Freude darüber ausdrücken, dass der Siebzehnte Karmapa, Ogyen Trinley Dorje, das Oberhaupt der Praxis-Linie, 108 Worte des Ratschlags zusammengestellt hat, als er von einigen hingebungsvollen Personen darum gebeten worden ist.

Von frühem Alter an zeigte der Siebzehnte Karmapa die Zeichen eines edlen und heiligen Wesens. Während er noch in Tibet residierte und seit seiner Flucht hat er sich in zahllosen Aktivitäten zum Nutzen der allgemeinen Öffentlichkeit sowie einzelner Individuen wie auch für die Lehren des Buddha und einzelne buddhistische Schulen eingesetzt. Karmapas aufrichtige und wohltätige Aktivitäten – aus edelsten Intentionen heraus ausgeführt – sind ständig dabei sich weiter auszudehnen.

Ich bete zu den Drei Juwelen, dass dieses Buch von Aussprüchen, für Menschen allerorten verfasst, insbesondere aber für junge Leute, großen Nutzen bringen wird.

Tenzin Gyatso

MEINE BOTSCHAFT

Ich bin nicht jemand, der völlig frei von Übelwollen wäre. Nichtsdestotrotz, da ich ein wenig über Buddhismus gelernt habe, entsteht hin und wieder der Wunsch in mir, allen Wesen nützlich zu sein. Ich schreibe dieses Buch inspiriert von dieser Einstellung, die von selbstsüchtigen Motiven nicht verdorben ist. Zu einem Großteil, zumindest zu 90 Prozent der Zeit, habe ich versucht meine Erklärungen auf Tatsachen zu stützen. Auch wenn ich weder ein Gelehrter noch ein großer Denker bin, kommt das, was ich gesagt habe, von meinem Herzen und ich habe es so direkt wie möglich gesagt. Vielleicht finden sowohl jüngere wie auch ältere Menschen hierin etwas Nützliches. Selbst wenn Du nichts Nützliches in diesem Buch finden solltest, sei bitte nicht wütend. Du kannst es jederzeit wegwerfen!

Der Siebzehnte Karmapa,
Ogyen Trinley Dorje

WORUM ES BEI RATSCHLÄGEN GEHT

Idealerweise ist ein Ratschlag eine Instruktion, die auf die jeweiligen Umstände zugeschnitten ist, sowohl unmittelbar wie auch in langfristiger Hinsicht. Die Person, welche Rat erteilt, sollte die Motivation haben, anderen zu helfen, und ebenso die Weisheit, das Richtige vom Falschen zu unterscheiden. Die Person, welche Ratschläge empfängt, sollte die Intelligenz haben, sie zu verstehen, wie auch die Bereitschaft, sich auf sie auszurichten. Ratschläge sollten in genau der richtigen Weise gegeben werden, sodass sie für die gegebene Situation relevant und leicht zu verstehen sind. Was immer es braucht – sei es auf sanfte oder auf barsche Weise! Sobald der Empfänger sowohl den Nutzen wie auch die Nachteile einer bestimmten Ausrichtung des eigenen Handelns sehen kann, hat der Ratschlag seinen Zweck erfüllt.

DIALOG

Wenn Du eine Frage stellst, dann bittest Du um das, was einem spontan einfällt. Ebenso bringe ich nur zum Ausdruck, was immer mir als Antwort in genau diesem Augenblick einfällt. Es ist ein spontaner Austausch. Sonst gibt es kein echtes Gespräch.

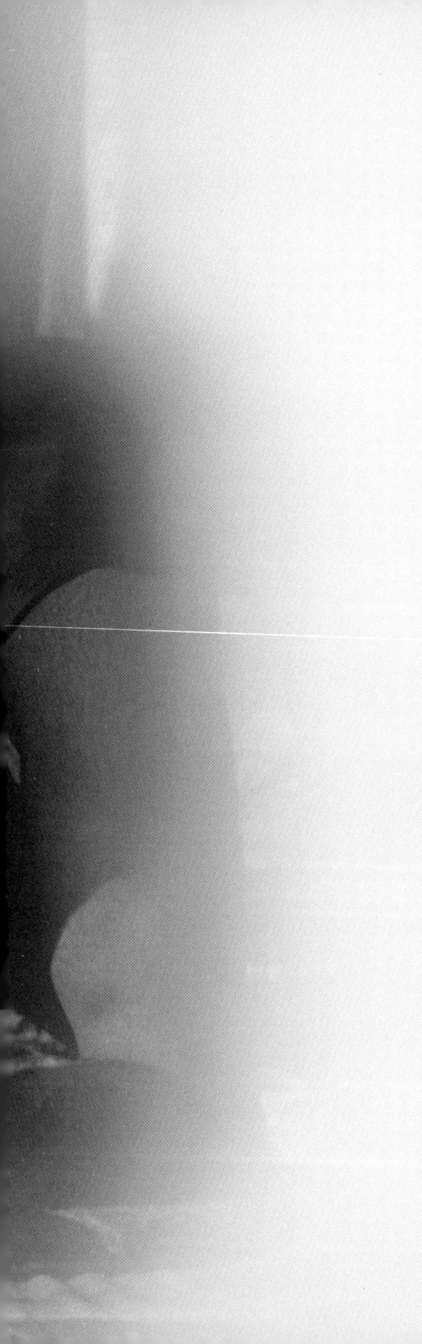

FÜHRUNG

Ein jeder Mensch muss seinen oder ihren Pfad finden. Suche dennoch Anleitung von weisen und mitfühlenden Menschen und höre ihnen aufrichtig zu. Dies wird Dir helfen, den besten Weg zu finden vorwärts zu gehen – jetzt und in der Zukunft.

AUSBLICKE IN DIE ZUKUNFT

Die Zukunft unserer Gesellschaft hängt von der Jugend von heute ab. Wenn junge Menschen Enthusiasmus haben für Ausbildung, Ethik und Frieden, dann haben wir eine solide Grundlage für echten Fortschritt. Wenn dies nicht der Fall ist, dann fehlt uns die Basis für eine gute Zukunft.

MENSCHLICHES LEBEN

Ob wir nun an Wiederverkörperung glauben oder nicht, jeder von uns kann ein sinnvolles Leben führen, wenn wir unsere Zeit damit verbringen, für uns selbst und für andere etwas Positives, Nutzbringendes zu tun. Zumindest müssen wir einen Weg finden, unser Leben auf freudvolle Weise zu leben. Wenn wir aber das Gegenteil tun, was für eine Schande! Wenn wir nur Elend und Trübsal erzeugen, dann haben wir unser Leben vergeudet. Dazu kommt noch, dass damit all die Mühe, welche andere auf sich genommen haben, um uns zu nähren und einzukleiden, sinnlos wird.

INTELLIGENZ

Die menschlichen Wesen sind die intelligenteste, findigste, einfallsreichste Spezies auf Erden. Wenn wir unsere Intelligenz dafür einsetzen, weiteres Leid zu verursachen, statt anderen und uns selbst irgendeinen wirklichen Nutzen zu bringen, dann sind wir nicht besser als wilde Tiere.

VERMÄCHTNIS

Wenn wir für die nächste Generation kein gutes Vermächtnis hinterlassen, dann sind wir vergebens über diese Erde geschritten. Was für eine vergeudete Gelegenheit.

TRADITION

Alle Traditionen, ob sie nun religiös oder weltlich sind, haben sich entwickelt, um der menschlichen Gesellschaft von Nutzen zu sein. In dem Moment, wo eine Tradition oder ein System schädlich wird, bringt es nichts, darauf zu bestehen ihnen zu folgen.

REAKTIONEN

Unser Elend oder Glücklichsein hängt davon ab, wie wir auf äußere Umstände und innere Gedanken reagieren. Wir beurteilen und etikettieren alles auf Basis unserer Reaktionen. Manchmal sind unsere Reaktionen so stark, dass sie uns zerstören können. Aber das eigentliche Problem liegt darin, nicht zu verstehen, dass unsere Reaktionen selbst auf Basis der sich ständig wandelnden Umstände kommen und gehen.

SEI DEIN EIGENER FÜHRER

Ob Du es schaffst, in eine positive Richtung zu gehen, hängt völlig von Dir ab. Du musst Dein eigener Lehrer sein und versuchen herauszufinden, was es braucht, damit Du Deine Ziele realisieren kannst. Du musst Dein eigener Richter sein und versuchen, Dich dazu zu bringen, das Richtige zu tun und aufzuhören, das Falsche zu tun. Übernimm die Verantwortung für Dich selbst. Nur Du selbst kannst Deine Geheimnisse kennen; da ist niemand, der Deine Gedanken lesen könnte. Wenn Du eine Änderung erreichen möchtest, dann mach Dich nicht abhängig von der Hilfe anderer, ohne selbst irgendeine Initiative zu ergreifen.

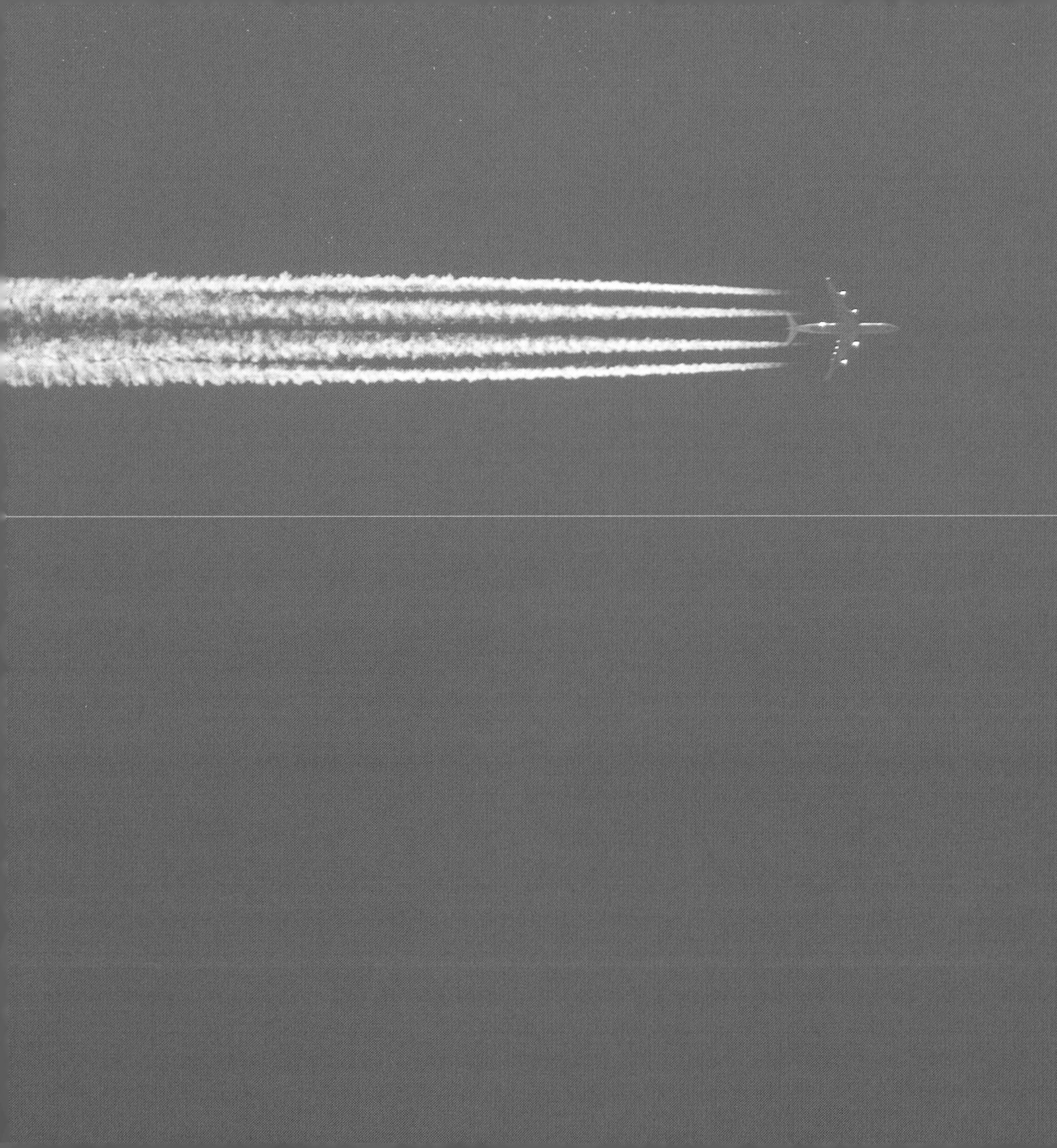

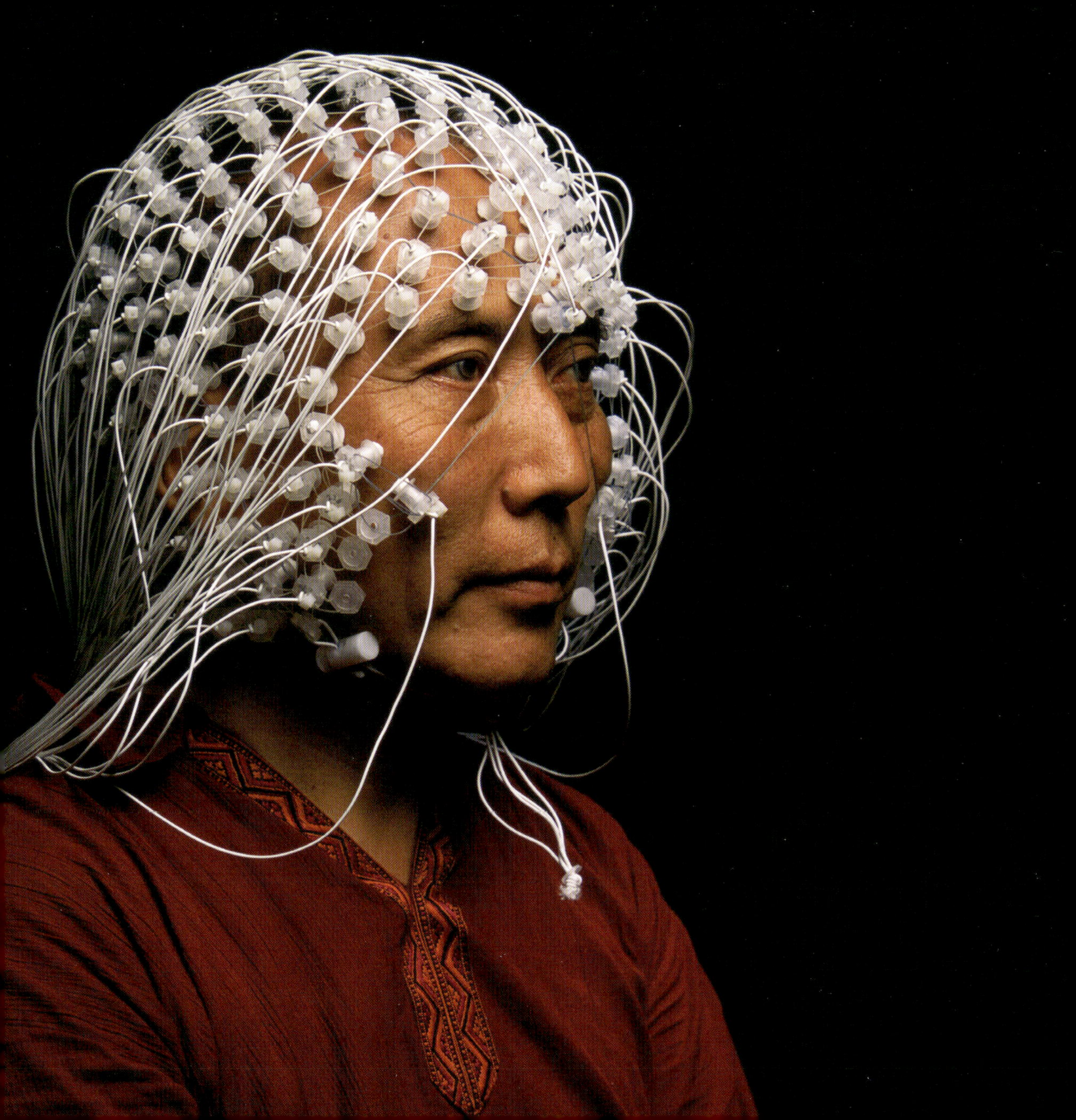

GEBRAUCHE DEINEN VERSTAND

Allgemein gesprochen sind die Leute um ihr eigenes Wohlergehen besorgt. Du kannst nicht wirklich wissen, ob ihr Rat dafür gedacht ist Dir zu nutzen – oder ihnen selbst. Es kann sein, dass Du auf Menschen triffst, die so erscheinen, als wollten sie Dir helfen, aber tatsächlich haben sie andere Absichten, und andere wieder meinen es aufrichtig gut, aber es mangelt ihnen an Weisheit, wirklich gute Ratschläge zu geben. Wenn Du das in Betracht ziehst, dann ist es wohl besser, Deinen eigenen Verstand zu gebrauchen und Deine Situation zu untersuchen, als Dich auf den Rat anderer zu stützen.

RICHTIGE WERTE

Lasse Deine Handlungen und Worte von Werten wie Ehrlichkeit und Wohlwollen inspiriert sein. Dies erzeugt ganz natürlich wechselseitiges Vertrauen und Zuneigung, welche wiederum eine Atmosphäre von Frieden und Harmonie schaffen. Hindernisse in Deinem Leben werden sich vermindern, und es wird Dir leicht fallen, Dinge zu Ende zu bringen.

KRAFT DER WAHRHEIT

Den Weg der Wahrheit zu gehen ist schwierig. Zu Beginn kann es sogar ein bisschen riskant sein. Aber bleibe dabei und andere werden nach und nach erkennen, was wahr ist, und Du wirst ihr Vertrauen gewinnen. Wahrhaftigkeit gibt Deinen Taten etwas Machtvolles. Mit Unaufrichtigkeit magst Du andere eine Zeitlang täuschen, aber am Ende werden sie das Vertrauen in Dich verlieren, und Deine Handlungen werden ineffektiv sein.

ZUVERLÄSSIGER CHARAKTER

Alles ist vergänglich, und es ist daher natürlich, dass wir uns alle verändern. Nichtsdestotrotz sei in Deiner Sichtweise und in Deinem Verhalten mehr oder weniger beständig und stimmig. Sonst wird Dir niemand vertrauen und Deine Unternehmungen werden nicht einfach zu vollbringen sein. Versuche, nicht wie eine Feder im Wind zu sein.

ERFOLG

Halte an Deinen Zielen fest und vollende, was zu erreichen Du Dir vorgenommen hast. Du wirst so als eine fähige Person betrachtet werden. Erfolg stellt sich nur ein, wenn Du beständig an Deiner Aufgabe arbeitest und völlig darauf ausgerichtet bleibst.

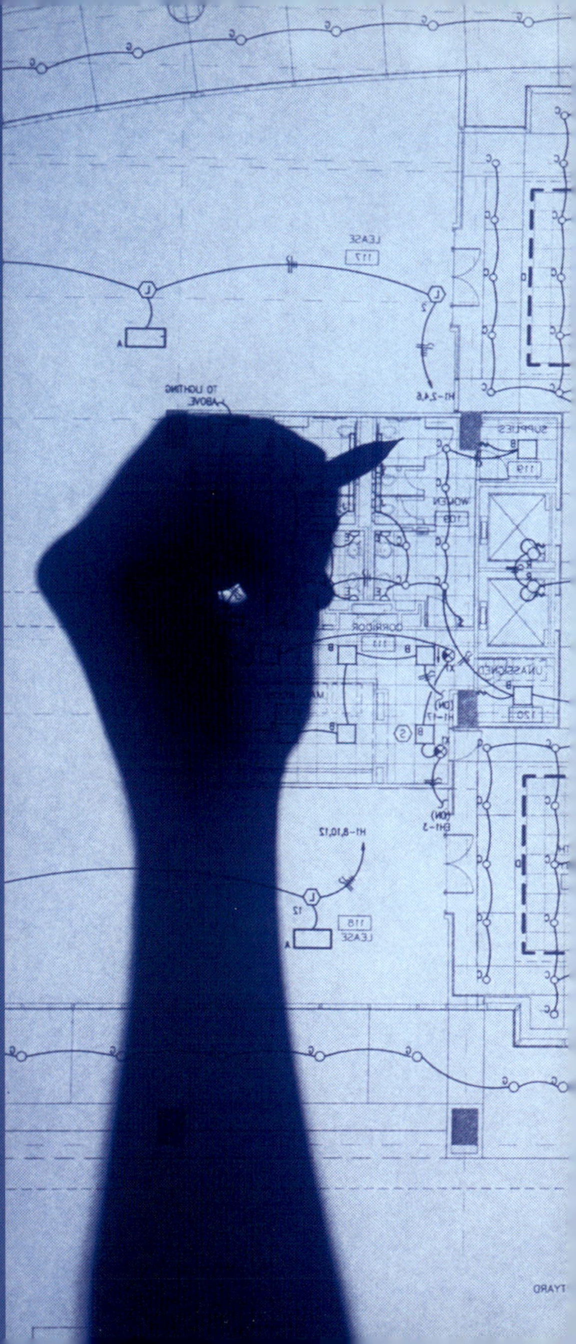

ACHTUNG

Andere werden Dich nur respektieren, wenn Du eine Quelle der Inspiration bist und sie denken, dass etwas Gutes von Dir kommen mag.

FREUNDE

Auch wenn ein jeder von uns seine eigene Persönlichkeit hat, kann unser Freundeskreis uns beeinflussen und verändern. Daher ist es wichtig, sich auf Freunde zu stützen, die Intelligenz und Integrität besitzen.

GUTEN UMGANG HABEN

Bringen Deine Freunde Dich in die richtige Richtung? Denke darüber nach. Urteile selbst, ob ihr Rat ganz unmittelbar hilfreich für Dich ist, oder auf lange Sicht zu etwas Besserem für Dich führt. Freunde haben schon vielen den Ruin gebracht – vertraue ihnen nicht blind. Unterscheidungsfähigkeit ist der Schlüssel. Das bedeutet nicht, dass Du ihren Rat vollständig missachten solltest. Jeder Ratschlag sollte genau geprüft werden. Wenn er zu einem negativen Resultat führt, was hilft es dann, dass er mit guten Absichten gegeben wurde! Manchmal können unsere Feinde die besten Ratschläge geben. Wenn ein Rat hilfreich ist, nimm ihn an.

SEI LOYAL

Ob Du verliebt bist oder eine arrangierte Ehe eingegangen bist, wenn Du jemanden Deinen Gefährten, Freund oder Partner nennst, dann ist dies eine Verpflichtung, echtes Vertrauen und Liebe zu entwickeln. Sei nicht schwankend und launisch, weil Du Ruhm oder Reichtum erlangt hast. Und selbst wenn Du Frustrationen und Härten erlebst, versuche bis zum Ende loyal zu sein. Sei liebevoll und unterstützend. Wenn Du wegen kleiner Auf und Abs aufgibst, war es von Anfang an keine wirkliche Beziehung.

VEREINSAMUNG

Ohne Bande von wechselseitigem Vertrauen und von Zuneigung können wir nur schwer ein Gefühl von Einsamkeit und Abgesondertheit überwinden.

CARS 24 HR
Kat
Have a break

SETZE DICH EIN

Versuche so gut wie Du kannst, das Gute in anderen zu ermutigen und das Schlechte zu entmutigen. Sei nicht gleichgültig. Wenn Du nicht in der Lage bist, auf das Verhalten der Menschen direkt zu reagieren, dann überlege, wie Du es in der Zukunft tun könntest. Warte auf den rechten Augenblick. Selbst wenn Du nie die Gelegenheit haben solltest zu reagieren, mache eine Bestandsaufnahme davon, was positiv und was negativ ist. Wenn jemand eine Mischung aus guten und schlechten Taten an den Tag legt, reagiere darauf in einer Weise, wie sie in diesem Augenblick am passendsten erscheint.

WIE MAN URTEILT

Um zu bestimmen, was nützlich und was schädlich ist, betrachte die Langzeitwirkungen und nicht bloß die teilweisen und unmittelbaren Ergebnisse. Untersuche die Zusammenhänge gründlich und lasse Dich nicht davon zum Narren halten, wie die Dinge erscheinen.

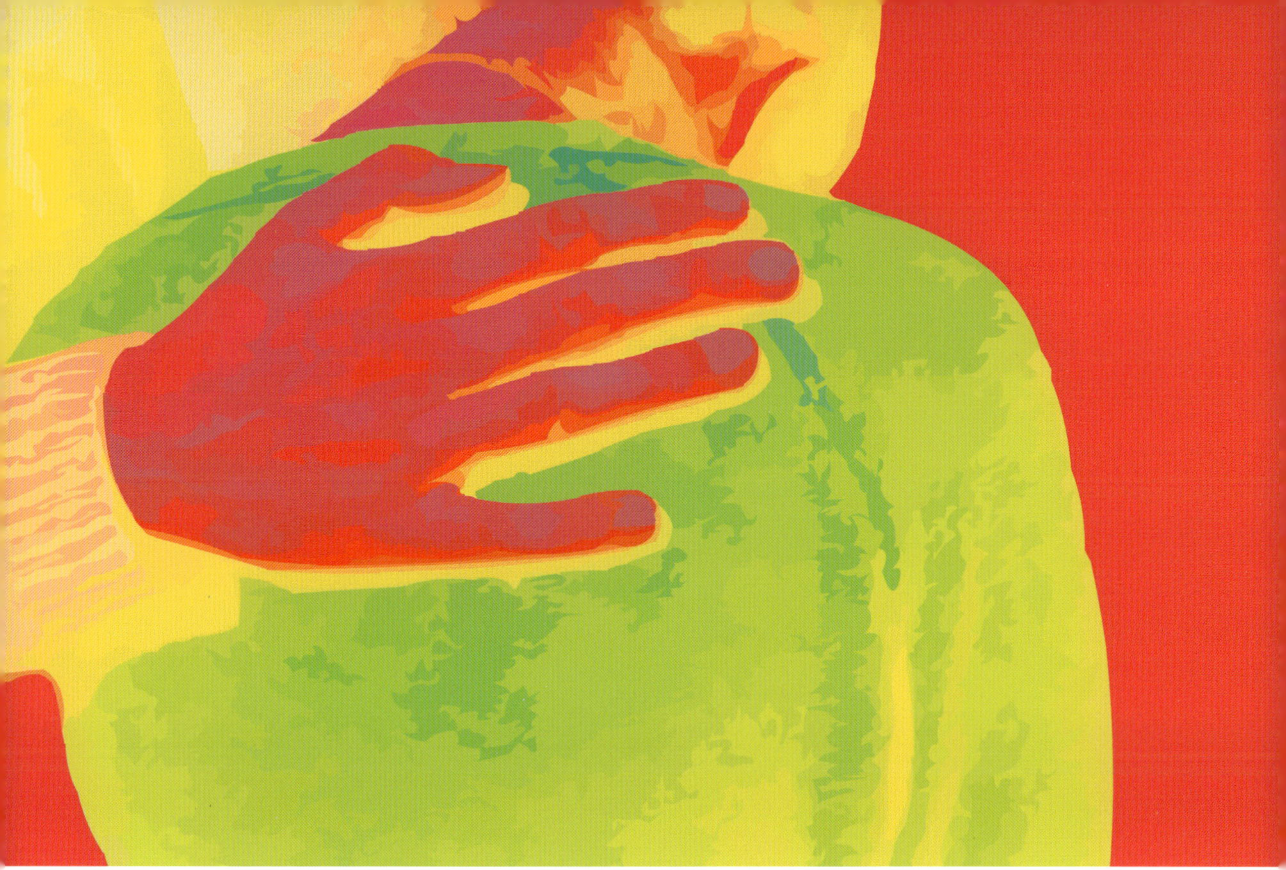

DANKBARKEIT

Sei dankbar für all die Hilfe, die Du empfängst, sei sie groß oder klein. Mit dieser Geisteshaltung versuche die Freundlichkeit anderer so gut Du kannst zu erwidern und zu vergelten. Wenn Du dies tust, dann wird in Zukunft immer weitere Hilfe auf Dich zukommen.

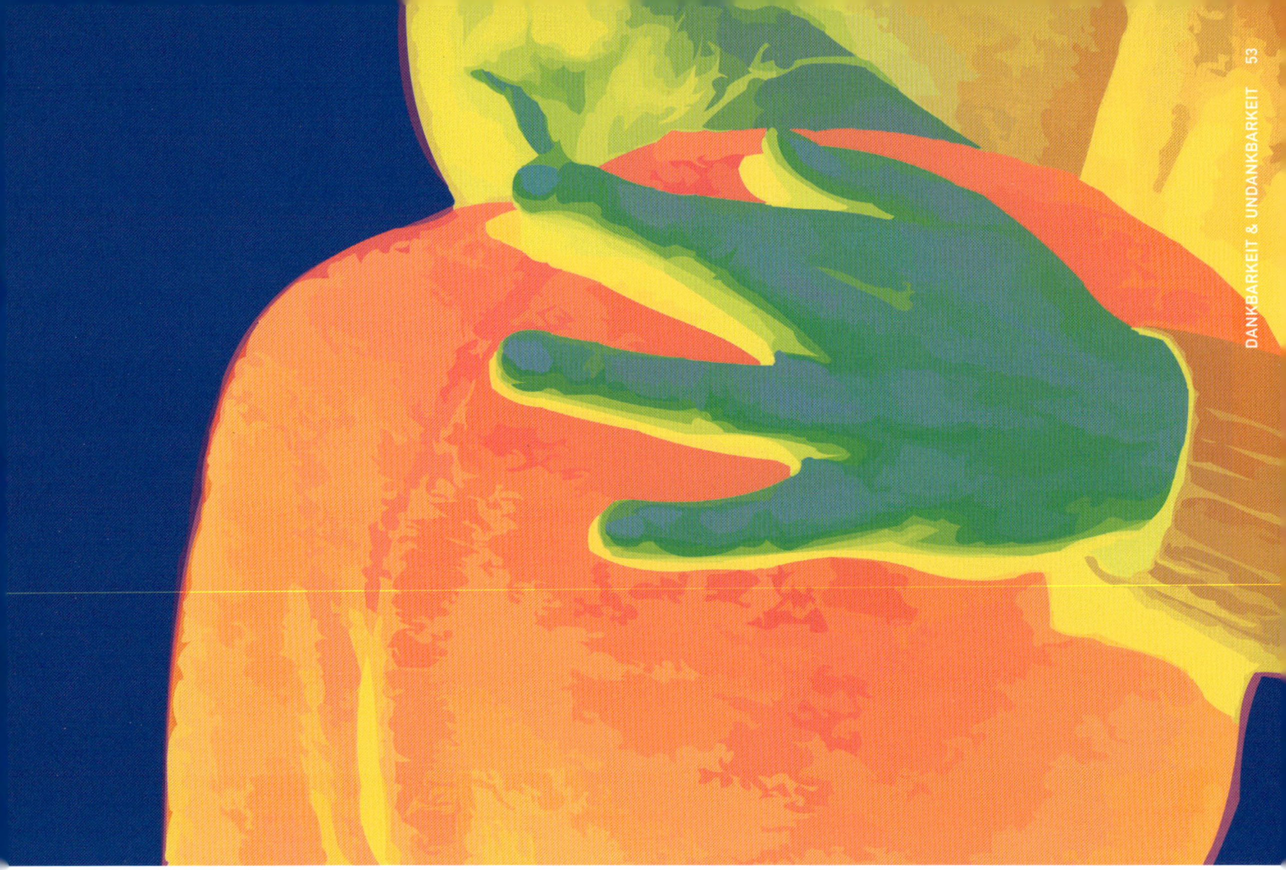

UNDANKBARKEIT

Wenn Du es nicht nur achtlos unterlässt, eine freundliche Hilfe zu vergelten, sondern jenen, die Dir helfen, auch noch Schaden zufügst, dann werden Menschen, die Dir gegenüber wohlwollend eingestellt sind, davon abgebracht werden und alles Bemühen um wechselseitige Hilfe wird fehlschlagen.

DIE FREUNDLICHE GÜTE VON ELTERN

Es gibt nichts, was der Liebe einer Mutter oder eines Vaters vergleichbar wäre. Eltern nehmen für uns große Härten auf sich und versorgen uns mit allem, was wir brauchen. Sie ziehen uns auf und lehren uns alles Essenzielle des Lebens. Ihre Fürsorglichkeit und Zuwendung kann mit nichts sonst verglichen werden. Wie undankbar und kaltschnäuzig, ihre Güte nicht zu vergelten.

HEIRAT

Heirat ist das Versprechen zweier Menschen, ihr Leben durch dick und dünn miteinander zu teilen. Was immer aufkommt, wenn Partner einander vertrauen und helfen, dann bietet die Ehe einen Zufluchtsort vor den ermüdenden Routinen des Lebens. In beschwerlichen, verdrießlichen Zeiten könnte es sein, dass Ihr nicht immer sagen könnt, ob Ihr Freunde oder Feinde seid. Aber versucht darauf zu schauen, dass Eure Ehe nicht von Misstrauen und Gehässigkeit erfüllt wird, sonst wird sie eine zusätzliche Bürde von Elend werden. Versucht mit Geduld und Verständnis dranzubleiben.

EINEN SCHÜLER NÄHREN

Ob Kinder gute Schüler werden, hängt von ihren Lehrern ab. Hin und wieder mag ein Lehrer mit guten Absichten und ohne Eigeninteresse Schüler zu ihrem eigenen Nutzen ein bisschen einschüchtern und schelten. Die meiste Zeit aber muss ein Lehrer sanft und gütig sein; er oder sie muss die Situation wahrheitsgetreu darlegen und sowohl Fehler wie positive Qualitäten bestätigen. Lenke Schüler auf Themen hin, die von Bedeutung sind, und die meisten von ihnen werden den richtigen Weg einschlagen.

LEHRER-SCHÜLER BEZIEHUNG

Die Lehrer-Schüler-Beziehung hängt von zwei Faktoren ab. Zum einen geht es darum, wie natürlich und echt ein Lehrer den Schüler zu einem Lebenszweck hinlenkt, welcher dem Temperament und der Intelligenz des Schülers entspricht. Zweitens hängt sie davon ab, wie aufrichtig der Schüler Ratschlägen folgt, die förderlich für die Zukunft sind. Üppige Geschenke und Zurschaustellung von beflissener Ehrerbietung sind nicht der Punkt.

SELBSTVERBESSERUNG

Viele streben danach sich zu verbessern, aber wenige wissen, wie sie es bewerkstelligen sollen. Ach, leider sind ihre Bemühungen oft fruchtlos. Wenn Du besser werden möchtest, bilde Dich, bilde Dich aus – lerne so viel Du kannst!

WISSEN

Welche Art Wissen ist von Bedeutung? Bewerte das Wissen hoch, das unmittelbar am Nützlichsten ist. Beurteile Wissen danach, wie wirkungsvoll es ist, nicht danach, wie schwierig es zu erwerben ist.

HOBBYS

Je mehr Du lernst, umso fähiger bist Du, Probleme zu lösen und mit schwierigen Umständen umzugehen. Warum nicht neben dem Hauptgebiet, auf das Du ausgerichtet bist, noch etwas lernen, einfach aus Spaß an der Sache?

ERFAHRUNG

Um mit anderen als Gleiche unter Gleichen zu leben, bedarf es eines weiten Feldes an Erfahrung. Weise haben viel Erfahrung und Narren haben wenig. Um an Erfahrung reicher zu werden, ist es nötig, dass Du durch gute und durch schlechte Zeiten gehst. Wie kannst Du wachsen, wenn Deine Erfahrungen immer die gleichen sind? Was immer geschieht – Gutes oder Schlechtes, es kann am Ende aufbauend sein, solange Du etwas Nützliches daraus lernst. Wenn Du also Schwierigkeiten durchmachst, dann fühle Dich nicht zu schlecht deswegen!

KRISE

In der Krise finden wir oft neue Wege, um Probleme zu lösen. Eine Krise kann die Quelle für viele schöpferische Ideen und Erfindungen sein.

SPRICH UND HANDLE MIT UMSICHT

Denke, bevor Du sprichst oder handelst. Sonst wirst Du vielleicht unnötige Probleme erzeugen. Ziehe Deine eigenen Fähigkeiten in Betracht, und wohin die gegebene Situation führen mag, und wie Deine Handlungen und Rede andere Menschen beeinflussen werden. Wenn Du all diese Faktoren klar sehen kannst, dann kann nichts, was Du tust oder sagst, allzu viel Schaden anrichten.

UNTERSUCHUNG

Untersuche die Situation genau, bevor Du Schritte unternimmst, sei es in öffentlichen Angelegenheiten oder in privaten. Ziehe die Folgen und Auswirkungen in Betracht, welche Deine Handlungen auf lange Sicht nach sich ziehen. Was ist die beste Art und Weise, Deine Ziele zu erreichen? Welche Probleme könnten sich zeigen, und wie kannst Du sie vermeiden oder überwinden? Angesichts unüberwindlicher Hindernisse frage Dich, welche Alternativen es gibt. Je tiefer Du in Deine eigene Erfahrung und die anderer Menschen hineinspürst, umso tiefer kannst Du auch in diese Fragen hineingehen.

REDE

Sprich direkt zur Sache – deutlich und klar – sodass andere hören können, was Du zu sagen hast. Forme Deine Rede Deinem Publikum gemäß, ohne Deine eigenen persönlichen Vorlieben und Abneigungen hineinzumischen. Wähle sanfte Worte – nicht zu viele und nicht zu wenige. Weder spare etwas aus noch schmücke die Fakten aus, und versuche, nicht widersprüchlich zu sein. Das ist der Weg, ein wirkungsvoller Redner zu werden.

SENNHEISER

WIE MAN ERFOLG HAT

Was immer Du zu tun hast, sei es weltlicher oder spiritueller Natur, erfülle Deine Aufgabe mit Körper, Rede und Geist voll und ganz einbezogen. Ohne diese völlige Beteiligung wird nichts vollbracht werden, egal wie viel Du darüber nachdenkst oder darüber sprichst. Du kannst Deinen Hunger nicht stillen, so lange Du nicht isst. Über Essen und Nahrung nachzudenken und zu reden wird nichts helfen!

VERMEIDE ABLENKUNGEN

Sowohl in privaten wie in öffentlichen Angelegenheiten ist es ein Hindernis für eine gute Entwicklung, wenn Du von dem, wofür Du Verantwortung trägst, abgelenkt wirst. Verfange Dich nicht in Nebenprojekten. Lenke Deine Energie auf die unmittelbaren Aufgaben und führe sie mit einsgerichtetem Geist aus. Auf diese Weise ist Erfolg sichergestellt, weil all die guten Ursachen für Erfolg vorhanden sind.
Es gibt keine Frucht ohne einen Samen. Wenn Du Dich in Ablenkungen verlierst, wirst Du nie Deine Ziele verwirklichen können.

BLEIB AUSGERICHTET

Unter Deinen vielen Aufgaben gibt es immer ein Hauptziel. Bleibe ausgerichtet auf die wichtigste Angelegenheit. Wenn Du die Wahl triffst, zu vielen Aktivitäten auf einmal nachzugehen, wirst Du mit dem Erreichen Deiner Hauptzielsetzung immer hinterher hinken.

AUFRICHTIGE MOTIVATION

In öffentlichen oder privaten Angelegenheiten kannst Du ohne aufrichtige Motivation kein Ziel erreichen. Was ist aufrichtige Motivation? Denke bei Dir: „Ich will diese Aufgabe in vollem Umfang vollenden, ohne jemanden zu täuschen." Wenn Du das tust, dann gibt es keinen Zweifel, dass Deine Bemühungen gute Ergebnisse nach sich ziehen werden.

Make Trade
Clea Green Fai
FREE TRADE
= DEAD
SEA TURTLES
WWW.SEATURTLES.ORG
NO WTO
NO WTO

DEINEN LEBENSUNTERHALT VERDIENEN

Es ist wichtig, dass ein jeder von uns seinen Lebensunterhalt verdient. Wenn wir nicht etwas Wertvolles machen im Austausch für unsere Lebensversorgung, sind wir wie Parasiten.

GESUNDER WETTBEWERB

Alltagsaktivitäten können von Wettstreit oder irgendeiner Art von äußerem Druck motiviert sein. Ohne dass es dafür irgendeiner Ermutigung bedürfte, entzünden bestimmte Aktivitäten ganz natürlich einen Geist des Wettstreits. Dieser kann uns helfen, gute Dinge zu erreichen und zu vollbringen.

STREBE NACH GRÖSSE

Wenn wir an einer Sorge um belanglose Dinge festhalten und niemals nach irgendetwas Großem streben, werden wir nicht viel vollbringen. Was ist klein und unbedeutend und was ist groß? Klein steht dafür, nur etwas für sich alleine, für unmittelbare Befriedigung zu tun oder zu wollen, und es steht für schädliche Taten, während groß für die Vielen steht, für nachhaltig und auf Dauer gedacht, und für positive Zielsetzungen. Schau genau hin – was hast Du oder jene um Dich herum erreicht? Vermeide eine triviale und kleinliche Sichtweise und strebe nach großen Dingen!

WERDE AKTIV

Erkunde die Folgen Deines Handelns. Wäge dessen Für und Wider ab. Ist Dein Handeln wirklich förderlich oder ist es schädlich? Wenn Du es einmal genau betrachtet hast, entscheide Dich klar – und handle! Ohne zu Taten zu schreiten bleiben Deine Gedanken nur Gedanken, und Du kannst nichts vollbringen.

ÜBERARBEITE DEINE PLÄNE

Während Du auf Dein Ziel hinarbeitest, versuche gute Ideen zu berücksichtigen und aufzunehmen und lass schlechte fallen. Sonst wirst Du die gestellte Aufgabe nicht ordentlich zuwege bringen.

UMSICHTIGE ENTSCHEIDUNGEN

Wenn man ein neues Projekt in Angriff nimmt, kommt niemand darum herum, Entscheidungen zu treffen. Was soll man einbeziehen? Was fallen lassen? Entscheide nur nach gründlicher Überlegung, indem Du Nutzen und Nachteile – sowohl kurzfristig wie auch auf längere Sicht – abwägst. Wie töricht, Deine Entscheidungen auf die Launen anderer abzustellen.

PROJEKTE

Es ist unmöglich, alle Deine Ideen weiterzuverfolgen. Gehe nur jene Projekte an, die zu verwirklichen Du in der Lage bist. Das Leben wird weniger beschwerlich sein.

ZUFRIEDENHEIT

Je mehr wir hinter sinnlichen Vergnügungen her sind, umso mehr lechzen wir nach ihnen und umso mehr jagen wir Ablenkungen hinterher. Unser Unbefriedigtsein steigert sich und erzeugt mentalen Stress und körperliches Unbehagen. Erkenne, wie dies abläuft, und sei mit einigen wenigen Bedürfnissen und Unerlässlichkeiten zufrieden. Du wirst sorgenfreier und fröhlicher sein.

MODERNE ANNEHMLICHKEITEN

Auch wenn Annehmlichkeiten den Zweck haben, unser Leben leichter und komfortabler zu machen, aufgepasst! Wenn Du Dich zu sehr, zu unbegrenzt auf sie stützt, wird Leid bald folgen.

REICHTUM

Reichtum kann eine Quelle von Glück wie auch von Kummer und Elend sein. Reichtum anzusammeln ist in Ordnung – so lang wie Du ihn angemessen zu benutzen verstehst.

EIN SCHWERER FEHLER

Um Geldes willen Dein Leben zu gefährden ist ein schwerer Fehler. Es ist wie das Abschneiden der Wurzeln des Baumes, um seine Äste zu retten.

IRRIGE HERANGEHENSWEISE

Irgendjemanden zu schädigen oder zu verletzen – Dich selbst oder andere –, um Glück zu erlangen, ist so, als würde man Gift essen, um das Leben zu verlängern. Es ist eine irrige Herangehensweise, und Du wirst nicht erreichen, was Du suchst.

BLINDER GLAUBE

Auf etwas zu vertrauen, ohne klar zu sehen,
ob es nutzbringend und zuträglich ist,
ist blinder Glaube. Ein solcher hemmt die
Entwicklung von Weisheit.

ERKENNE DEINE FEHLER

Es ist menschlichen Wesen unmöglich, keine Fehler zu machen. Wenn Du Fehler selbst erkennst oder durch Reaktion und Rückmeldung anderer, dann kannst Du Schritte tun, sie zu berichtigen und zu beheben, und Du kannst den Schaden gering halten. Wenn Du Dich aber an Deine Irrtümer klammerst, als wären es unumstößliche Wahrheiten, dann wirst Du Deine größere Zielsetzung nicht erreichen.

THC GOVAN POLIS!
!STUART!
NEWFIELD BOYZ
100%
YER KROSS

NEGATIVEN TATEN VORBEUGEN

Gib Dir das Versprechen, dass Du niemals etwas tun wirst, was Deiner Gemeinschaft Schande bringen würde. Dieser Entschluss wird Dich davon abhalten, Dich auf destruktives Verhalten einzulassen.

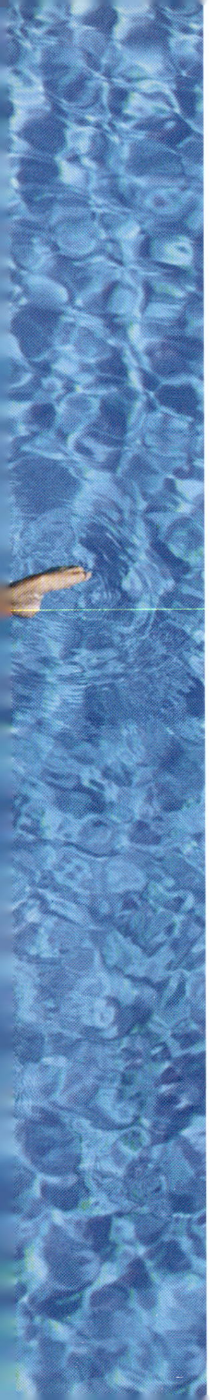

ZUSAMMENARBEIT

Zusammenarbeit gründet sich auf gegenseitige Wertschätzung und sich aufeinander Verlassen. Ohne dies kann kein gemeinsames Ziel verwirklicht werden. Um ein Umfeld von Kooperation zu fördern, solltest Du den wechselseitigen Nutzen und wechselseitiges Einvernehmen und Verständigung als Dein Hauptziel sehen. Sei bereit, gute Ideen anzunehmen und schlechte fallen zu lassen, ungeachtet woher diese kommen mögen. Richte Deinen Blick weit in die Zukunft mit einem offenen und willkommenheißenden Geist.

ZWIST UND ZWIETRACHT

Angenommen Du machst Dich daran, Zwietracht zu säen als ein Mittel, um irgendeinen Zweck für Dich zu erreichen. Du wirst vielleicht erfolgreich sein, und für alle Elend heraufbeschwören – Dich selbst eingeschlossen! Aber am Ende werden Deine Absichten entdeckt werden. Du wirst das Vertrauen anderer verlieren und damit auch Deine Autorität und Fähigkeit, Einfluss zu nehmen. So viel zu Deinem Erfolg! Eine abschließende Beurteilung würde zeigen, dass Du der wahre Verlierer bist.

9
12

LIGHTS, CAMER

ÜBERLEGENE BLICKWINKEL

Du hast vielleicht – in Abhängigkeit von Deiner Intelligenz – mehr oder weniger Verständnis davon, wie Du der Gesellschaft nützlich sein kannst, aber hänge Dich nicht zu verbissen an die Überlegenheit Deiner eigenen Ideen und Sichtweisen. Wenn Du das machst, wirst Du Barrieren für soziale Harmonie und Zusammenarbeit schaffen.

KONFLIKT

Konflikt ist ein natürlicher Aspekt des menschlichen Lebens. Es ist einfach nicht möglich, völlig frei davon zu sein. Da er aber alle beteiligten Seiten elend macht, versuche Unstimmigkeiten gering zu halten und lasse davon ab, Dinge aufzuwühlen und aufzuheizen.

BESTÄNDIGKEIT

Es gibt niemanden, der sich nicht verändert. Das Leben ist eine Abfolge von verschiedenen Gedanken, Gefühlen und Aktivitäten. Du kannst nicht völlig darauf setzen, dass Du Dich nicht änderst, nicht zu reden von allen anderen. Indem Du dies erkennst, kannst Du sehen, dass zuverlässige Beständigkeit nur eine Frage gradueller Abstufung ist.

6
10
4
2

TUGENDEN UND LASTER

Im Laufe unseres Lebens nehmen wir sowohl Tugenden wie Laster an, in Abhängigkeit von verschiedenen Umständen und Ursachen. Niemand kann auf einem stetig gleichbleibenden Kurs bleiben und dabei durchwegs nur an Tugend oder Laster festhalten. Das Leben eines jeden ist eine Mischung. Du kannst andere nicht nach ein oder zwei Taten – ob gut oder schlecht – zutreffend beurteilen!

DIE DINGE WANDELN SICH

Es ist unmöglich, zu allen Zeiten immer in Höchstform oder in schlechtester Form zu sein. Wer ist immer durchgehend beständig? Ein jeder ändert sich gemäß unterschiedlicher Situationen und während man verschiedene Lebensphasen durchläuft. Es hat keinen Sinn, großen Stolz oder große Scham zu empfinden einfach nur wegen vorübergehender Umstände.

FREIHEIT UND FORTSCHRITT

Damit die Menschen sich weiterentwickeln, müssen wir Redefreiheit und Bewegungsfreiheit sicherstellen. Unsere Intelligenz wächst, je mehr wir uns in Aktivität engagieren. Rede- und Bewegungsfreiheit sind ein Antrieb in neue Bereiche von Wissen und Innovation. Wissenschaftliche und technische Entdeckungen sind nicht möglich, wenn es nicht die Freiheit zu experimentieren gäbe. Ohne Freiheit ist ein Mensch wie ein in einen Käfig gesperrtes Tier.

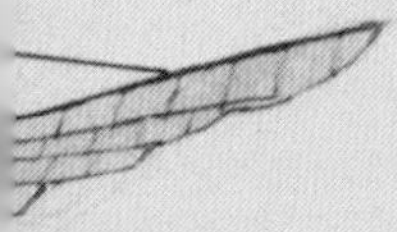

FREIHEIT MIT SELBSTBESCHRÄNKUNG

Freiheit ist die Grundlage für Glücklichsein. Sie erlaubt uns Beschäftigungen und Zielen nachzugehen, welche unseren Interessen entsprechen. Mit Freiheit aber verbinde das Ausüben von Selbstbeschränkung. Ohne diese wirst Du wahrscheinlich missmutig und selbstzerstörerisch werden. Weshalb?
Weil Begehren keine Grenzen kennt!

KOMFORT

Fülle und Wohlstand können die Bedingungen für ein gutes Leben hervorbringen, aber zu viel Luxus wird Dein Glück nicht vermehren. Ein Übermaß davon ist wie das Essen eines großen Mahls gleich nachdem man gerade eines zu sich genommen hat. Was bringt das? Die beste Weise Glück zu finden ist es, mehr Freiheit zu erlangen – selbst wenn dies weniger Komfort bedeutet.

WAHRER FRIEDEN

Wahrer Frieden kann nicht durch Gewalt errungen werden oder indem man einfach das Wort „Frieden" ins Feld führt oder beschwört. Er kann nur erlangt werden durch Üben des Geistes und dadurch, dass man lernt inneren Frieden zu pflegen. Frieden ist ein ruhiger und sanfter Geisteszustand.

TIBETISCH

Sprachen sind alle nützlich zum Kommunizieren, und in diesem Sinn ist keine besser oder schlechter als eine andere. Trotzdem werden manche Sprachen höher gewürdigt als andere wegen der Weisheit, die sie übermitteln und bewahren. Wenn Du danach strebst, die Kunst des Glücklichseins zu kultivieren, dann ist Tibetisch sehr nützlich.

SICH ABSTIMMEN

Ein jeder von uns hat das Recht auf eigene Auffassungen und Ansichten. Aber wenn Du Dich nicht völlig isolieren möchtest, dann justiere Deine Perspektive von Zeit zu Zeit, damit Du auf die Gesellschaft um Dich herum eingestimmt bist. Wenn Du ständig Deinen Willen oder Deine Sichtweise durchsetzen musst, dann wirst Du niemals in der Lage sein, in Harmonie mit anderen zu leben.

CAPSULES

KOMM AUF DEN PUNKT

Wenn das hauptsächliche Ziel erreicht wurde, dann ist der Verlauf nicht so wichtig. Sei nicht zu pingelig wegen der Details. Es ist schwierig, jeden zufriedenzustellen, denn jede Person hat eine andere Auffassung.

DAS GEMEINSAME INTERESSE

Versuche dem gemeinsamen Interesse zu dienen. Was immer geschieht, denke darüber nach, was für die Gruppe am besten ist, statt nur für Dich selbst zu handeln. Das Wohl und der Nutzen für Viele ist wichtiger als derjenige des einzelnen Individuums. Wenn Du diesen Unterschied nicht erkennst, dann gibt es keinen Weg für Dich, dem Allgemeinwohl zu dienen. Und auch Deinen eigenen Interessen ist damit schlecht gedient.

TO EXPLORE

EINE BESSERE ZUKUNFT

Unsere Hoffnung auf eine bessere Zukunft legt eine schwere Verantwortung auf die jüngere Generation. Wie dieser Herausforderung begegnen? Versuche Dich auf Gebieten zu bilden, die der Gesellschaft von Nutzen sein werden. Nimm spirituelle Disziplinen auf, die Dein Herz und Deinen Geist öffnen. Arbeite mit anderen zusammen und stelle mit allen Menschen harmonische Beziehungen her ungeachtet ihrer Volkszugehörigkeit, ihres Geschlechtes oder Alters. Tu alles, was Du kannst, um den Missbrauch unserer natürlichen Ressourcen und die Zerstörung unserer Umwelt zu beenden. Mit ethischem Urteilsvermögen könnt Ihr – die Jugend von heute – Blüte und Wohlstand für die Welt und die Menschheit schaffen. Andernfalls wird die Zukunft trostlos sein.

DIE NATÜRLICHE UMWELT

Die natürliche Umwelt ist unersetzlich. Alle Lebensformen auf Erden existieren in einem feinen Gleichgewicht miteinander. Obwohl manche Lebensräume von einem größeren natürlichen Reichtum geprägt sind als andere, würdigen wir die Umwelt herab, indem wir sie ausbeuten und verschmutzen. Dies hat seine Auswirkung auf die ganze Welt unabhängig von Grenzen. Um unser aller willen lasst uns aufhören, die Umwelt zu verschmutzen. Wie überaus töricht, unseren Planeten zu zerstören – der gegenwärtige wie zukünftige Generationen zu erhalten und zu versorgen hat. Zusammen lasst uns die Erde beschützen und bewahren.

VERSCHMUTZUNG

Es ist nicht so, dass die Umwelt sich selbst verschmutzt oder diese Verschmutzung von Naturkatastrophen stammte, über welche wir keine Kontrolle haben. Eine verseuchte Umwelt ist das Ergebnis menschlicher Habgier. Der abschließend zu ziehende Schluss besagt, dass das Schicksal unserer natürlichen Umwelt völlig in unseren Händen liegt.

ZUKÜNFTIGE GEFAHR

Regierungen und Privatunternehmen zerstören schonungslos die Umwelt zum Zweck irgendwelcher zeitlich begrenzter ökonomischer Gewinne. Dies stellt eine schwerwiegende Gefahr für die Zukunft dar. Wenn wir nicht eingreifen und dazwischentreten, wird die Welt ein trostloser öder Ort werden.

EIN GEMEINSAMER FEIND

Exzessiver Bergbau, Pestizideinsatz und Raubbau plündern und verwüsten die Umwelt in einer Weise, die nie mehr umgekehrt werden kann. Wer immer an dieser Verheerung beteiligt ist, ist der gemeinsame Feind aller Länder und Völker und bürdet zukünftigen Generationen eine enorme Leidenslast auf.

GESUNDER MENSCHENVERSTAND

Was immer gut oder schlecht für Dich ist, ist es voraussichtlich auch für andere. Wenn Du Dich mit Menschen vertragen möchtest, dann wende Deine eigene Erfahrung an und gib anderen, was sie brauchen. Setze Deinen gesunden Menschenverstand ein, um mit anderen in größerer Harmonie zu leben!

DIE MACHT DER EMPATHIE

Wir alle reagieren in ähnlicher Weise auf das, was angenehm ist und das, was unangenehm ist. Indem wir das verstehen, wissen wir, wie wir einander helfen können. Warum nicht andere darin unterstützen, das Gute zu fördern und Schaden zu verhüten?

EINANDER HELFEN

Alles hängt wechselseitig von einander ab. Niemand ist völlig autark und selbstgenügsam. Wir sind für gegenseitige Unterstützung auf menschliche Gesellschaft angewiesen. Schade jemandem und Du schwächst Dein eigenes Unterstützungssystem. Warum Dir selbst schaden? Stattdessen versuche, anderen so viel wie möglich zu helfen.

SCHÜTZE DIE MENSCHLICHE RASSE

Wir sind fähig, riesigen Einfluss auf die Welt zu nehmen. Der einzige Weg, der uns offen steht, um unsere Spezies – und den Planeten – vor unserer eigenen destruktiven Macht zu schützen, ist alles, was nur möglich ist, zu tun, um Frieden und Stabilität unter uns aufrechtzuerhalten. Aus diesem Grund ist es für uns alle lohnenswert, alle die Religionen, Traditionen und Systeme, welche der Menschheit Frieden und Einheit nahe bringen, zu studieren und liebevoll zu bewahren.

NEXT 92 km

BESCHÜTZE DIE TIERE

Tiere reagieren auf Schmerz und Lust genau so wie wir es tun. Wir genießen ihre Gesellschaft als Gefährten und Freunde, und sie sind unentbehrlich für das Ökosystem des Planeten. Tu, was immer Du tun kannst, um die Auslöschung irgendeiner Tierart zu verhüten. Am Ende werden zukünftige Generationen uns jedenfalls dafür zur Rechenschaft ziehen.

DAS GESETZ

Gesetze, um negative Taten zu unterbinden, resultieren aus dem Fehlverhalten von Menschen. Diese Strafgesetze können nur wirkungsvoll sein, wenn vor allem einmal jene sie einhalten, die sie machen.

MAR. 3 1991

DAS MILITÄR

Der Zweck des Militärs ist es, Frieden und Stabilität zu beschützen, nicht einfach den Feind zu töten. Stell Dir vor, wie wunderbar es wäre, wenn unser Militär auch Methoden zur Pflege von innerem Frieden und von Freude erlernen würde.

RUHM

Berühmtheiten können auf allen Gebieten menschlicher Bemühungen ihren Ruhm nutzen, um anderen beizustehen und um zu helfen, dass die Welt ein besserer Ort wird.

UNWISSENHEIT

Zu entscheiden, dass etwas gut oder schlecht sei,
ohne angemessene Gründe dafür zu haben,
ist ein Zeichen von Ignoranz.

EINE WAHL TREFFEN

Wie kann man entscheiden, ob man etwas Bestimmtes tun soll oder nicht? Frag Dich, wie viel Nutzen diese Aktivität aller Wahrscheinlichkeit nach bringen wird.

ERWARTUNGEN

Es ist in Ordnung, dass Menschen von Dir Dinge erwarten. Du hast aber das Recht, etwas abzulehnen, falls es nötig ist. Das ist keine Schande.

PRIVILEGIEN UND VERPFLICHTUNGEN

Wenn Du eine spezielle Position oder bestimmte Privilegien genießt, dann musst Du vielleicht auch entsprechende Verpflichtungen auf Dich nehmen. Sei Dir dessen bewusst. Drücke Dich nicht vor Deiner Verantwortung.

SELBSTSUCHT

Ein jeder sucht nach Liebe und Unterstützung. Wenige aber sind bereit, anderen Liebe zu schenken und sie zu unterstützen.

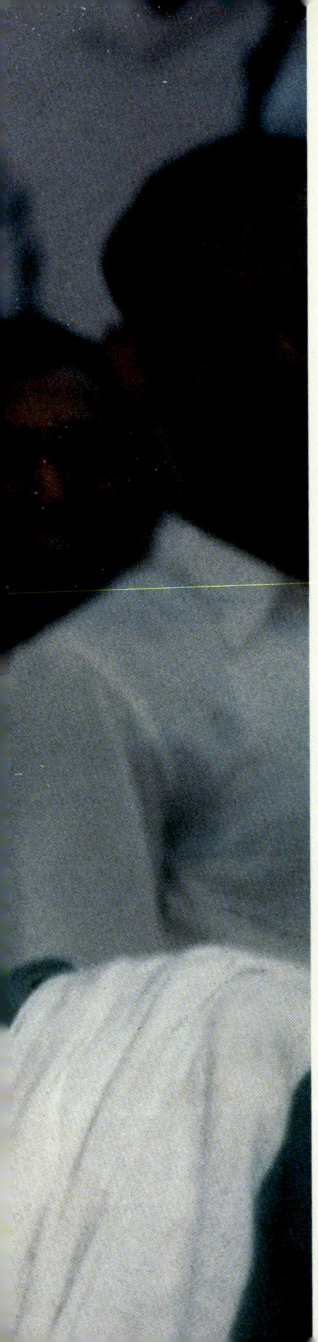

EIN GROSSES WESEN

Jemand, der völlig dem Wohl und Nutzen anderer hingegeben ist, ist wahrhaft ein großes und wunderbares Wesen. Die Handlungen und Absichten einer solchen Person übersteigen jene von gewöhnlichen Menschen bei weitem.

SCHWER IST ES ZU HELFEN, LEICHT IST ES ZU SCHADEN

Es fällt uns ziemlich schwer uns selbst zu helfen, geschweige denn anderen. Gleichzeitig ist es nur allzu leicht, Schaden und Leid zu verursachen. Manchmal sieht es so aus, als versuchten wir alle einander Schaden zuzufügen.

EINSAMKEIT

Andere aus selbstsüchtigen Gründen zu täuschen und ihnen zu schaden wird nur dazu führen, dass Du ihre Liebe und Ihr Vertrauen verlieren wirst. Was geschieht dann? Ohne Liebe und Vertrauen wirst Du Einsamkeit erfahren – ob Du nun alleine lebst oder mitten unter anderen. Stell Dir vor, da ist niemand, mit dem oder mit der Du die Freuden und den Kummer des Lebens teilen kannst; niemand, auf den Du Dich stützen kannst, niemand, an den Du Dich wenden kannst, um Hilfe zu finden oder dem Du Dich anvertrauen kannst, und niemand, um ihn oder sie zu lieben. Geplagt und gepeinigt, kümmert es einen einsamen Menschen nicht, ob er lebt oder stirbt.

BERAUSCHUNG

Manche berauschen sich auf diese oder jene Weise, um es sich gut gehen zu lassen. Aufgepasst! Berauschung und Rauschgift kann Deine Zukunftsperspektiven wie auch ganz allgemein Deine Gesundheit und Dein Wohlbefinden beeinträchtigen. Es bringt genau das Gegenteil von dem, wonach Du suchst.

POST

AUCH MAL LACHEN ZWISCHENDURCH

Wer weiß, was Du in diesen chaotischen und turbulenten Zeiten sehen, hören oder erfahren wirst? Versuche Dich davor zu bewahren, von Schmerz und Leid zu sehr überwältigt zu werden. Lach auch mal zwischendurch! Nimm die Dinge nicht so ernst. Mit einem großzügigen, anpassungsfähigen und einladenden Geist kannst Du Dir einen guten Sinn für Perspektive bewahren.

WECHSELSEITIGE ABHÄNGIGKEIT

Alles existiert und geschieht in wechselseitiger Abhängigkeit. Angenehme und unangenehme Erfahrungen ereignen sich aufgrund vieler Ursachen und Bedingungen. Nichts im Leben hat nur eine einzige oder in sich völlig unabhängige Ursache. Es ergibt daher auch keinen Sinn, Deine Freude oder Deinen Ärger einer einzelnen Person oder Sache zuzuschreiben, als wäre sie der einzige Ursprung Deines Wohlbefindens oder Deines Unglücklichseins.

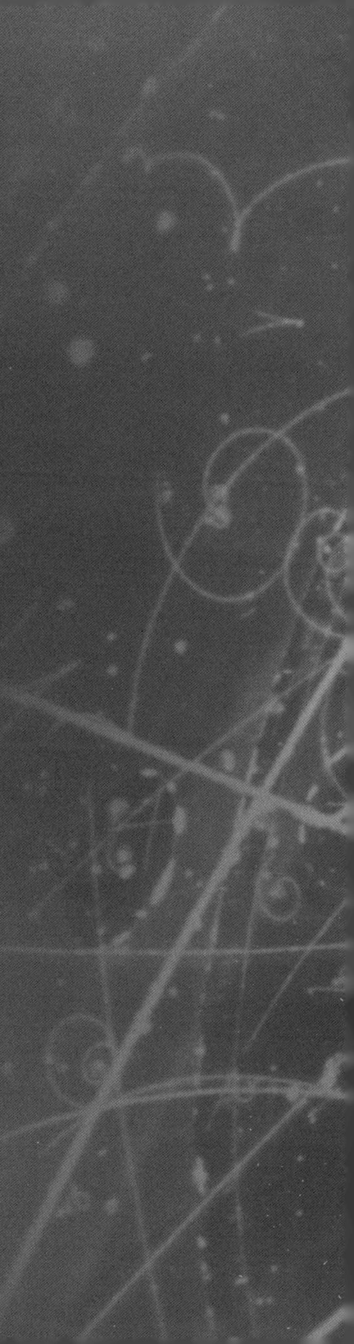

MENSCHEN

Ach, schaut!
Was ist unruhiger als ein menschliches Wesen?
Niemand ist auf Schwierigkeiten aus,
dennoch sind die meisten Probleme im Leben
hausgemacht und von Menschen verursacht.
Eines Tages – sollten wir aufhören so geschäftig
zu sein – wird die Welt ohne Zweifel ein Ort
werden, an dem friedvoll gelebt werden kann.

EIN GEBET FÜR DEN FRIEDEN

Ich bete immer für wahren Frieden, Freude und Harmonie in dieser Welt. Dies ist aber ein ersehntes Ziel, das schwer zu verwirklichen ist. Solange es Neid und Rivalität gibt, kann Gewalt nicht beendet werden. Wenn Gewalt nicht aufhört, dann gibt es keine Möglichkeit, dass mein Gebet erhört wird.

GEFANGENE

Obwohl unsere Augen intelligent genug sind,
um die Konturen von Gut und Böse zu sehen,
bemächtigen wir uns unausweichlich des
Gegenteils von dem, was wir suchen.
Unsere Freiheit preisgebend
werden wir Gefangene unserer
eigenen Heimsuchungen.

GEIST

Obwohl der Geist keine physische Substanz ist und als etwas anderes als Materie erfahren wird, hat er nichsdestotrotz eine tiefe Verbindung mit dem Körper. Der Körper beeinflusst den Geist und der Geist beeinflusst auch den Körper. Um Deine geistige Verfassung zu verbessern, halte Deinen Körper gesund und übe Deinen Geist, um Frieden und ruhige Gelassenheit zu entwickeln, indem Du die Lehren authentischer Traditionen anwendest. Wenn Du auf Dein Verhalten achtgibst und einen weiten Ausblick wahrst, dann wirst Du Dich ungeachtet der Höhen und Tiefen des Lebens wohler fühlen.

BUDDHISMUS

Die Essenz des Buddhismus ist, einen Zustand dauerhaften Glücks zu entdecken und zum Nutzen und Wohl anderer zu arbeiten. Auf diesem Weg sind Weisheit und Mitgefühl untrennbar. Nach und nach kommen wir – durch einen Prozess des Forschens und Erkundens – schrittweise dem Verstehen der Wahrheit näher.

DIE NÜTZLICHKEIT DES DHARMA

Die Vorteile, welche der Dharma mit sich bringt und wie sie vom Buddha und seinen Schülern dargelegt werden, sind das Ergebnis angemessener Praxis des Dharma. Du kannst all diesen Nutzen nicht wirksam ernten, indem Du nur ein paar Unterweisungen zuhörst. Wenn Du nicht praktizierst, wirst Du glauben, dass der Dharma nicht funktioniert – besonders, wenn Probleme auftauchen und Du mit diesen nicht umzugehen verstehst. Vielleicht gibst Du den Dharma dann sogar auf und hast nie einen Nutzen davon. Um sich seiner positiven Auswirkungen zu erfreuen, praktiziere ihn erst einmal.

EIN ECHTER MÖNCH

Ein echter Mönch sollte Hingabe zu Buddha, Dharma und Sangha haben, Vertrauen in das Gesetz von Karma, Aufrichtigkeit im Befolgen der buddhistischen Lehren und Mitgefühl für alle Wesen. Mönche, welchen es an einer dieser Qualitäten mangelt, sind nur dem Namen nach Mönche. In Wirklichkeit sind sie Blender und täuschen ihre hingebungsvolle Gefolgschaft.

RELIGION

Bewerte eine Religion auf Grundlage ihrer Lehren. Die Taten ihrer Anhänger sind eine andere Sache; seien diese nun gut oder schlecht, sie gehören zu Individuen und nicht zu den Lehren. Verwechsle die beiden nicht.

95
G.O.D.
1-800-DIAL-GOD
OXIDIZER
5.1
NON-FLAMMABLE GAS
2

DIE WURZEL DES GLÜCKLICHSEINS

Entdecke, welche Handlungen wirklich Glück mit sich bringen und welche in Leid resultieren. Indem Du Einsicht und Urteilsvermögen gebrauchst, mach Dich an das, was Nutzen bringt und verwerfe, was Schaden stiftet. Lebe entsprechend und Du wirst auf dem richtigen Weg sein.

DIE RICHTIGE RICHTUNG

Übernimm Verantwortung dafür, Situationen herbeizuführen und voranzubringen, welche für die Gesellschaft von Nutzen sind. In gleicher Weise versuche Umstände, die anderen schaden, von der Wurzel her zu beseitigen. Dies ist die Pflicht eines jeden einzelnen von uns und bereitet einer besseren Zukunft den Weg.

EINE MITEINANDER GETEILTE ZIELSETZUNG

Menschen haben wegen ihrer unterschiedlichen Lebensumstände und Lebenshintergründe verschiedene Charaktere, Interessen und Ansichten. Lasst uns ungeachtet dessen für eine gemeinsame Zielsetzung zusammenarbeiten – um Leiden zu beseitigen und Glück zu bewirken.

VERGANGENHEIT, GEGENWART, ZUKUNFT

Halte an der Vergangenheit nicht fest. Gefühle der Freude oder des Grolls über das, was geschehen ist, ob gut oder schlecht, lasse sie los. Schenke Deine Aufmerksamkeit der Gegenwart, damit Du die Zukunft, die Du erstrebst, hervorbringen kannst. Dies ist eine bedeutungsvolle Art und Weise, sein Leben zu führen.

TAGTÄGLICHE TRUGSCHLÜSSE

Ruhm und Reichtum sind wie Regenbögen am Himmel.
Geliebte Menschen – Freunde und Familie –
sind bloß in Wasser Eingraviertes.
Die Geschäftigkeit, sein Leben zu leben, ist schlicht der Traum
der vergangenen Nacht.
Alle Schöpfung ist nur das Aufleuchten eines Blitzes
in der Dunkelheit.

GEBURT UND TOD

Genährt von der Liebe und Wärme meiner Mutter
habe ich aufs Neue diese menschliche Welt betreten.
Ihren grenzenlosen und immer sich wandelnden Wunderdingen
bin ich mit einem ruhelosen, greifenden Geist nachgejagt
und kostete dabei Freude und Kummer, Lachen und tiefen Schmerz.
Und wieder muss ich am Ende meiner Tage in einen Zustand der
Auflösung übergehen. Dies ist die Natur der Welt des Samsara.

EINE KURZE BIOGRAPHIE VON SEINER HEILIGKEIT DEM 17. GYALWANG KARMAPA

von Khenpo Gawang aus Kyodrak

Ich verbeuge mich demütig vor den Drei Juwelen.
Ich nehme Zuflucht zu ihnen.
Möge ich ihren Segen empfangen.

Seine Heiligkeit der Siebzehnte Gyalwang Karmapa, Ogyen Trinley Dorje, ist das spirituelle Oberhaupt der Karma Kagyü-Schule des Tibetischen Buddhismus und eine Ausstrahlung von Chenrezig, dem Buddha des Mitgefühls.

Die Karmapas von Tibet sind große Weisheitslehrer der Karma Kagyü-Schule, der ältesten Traditionslinie des Tibetischen Buddhismus (ins 11. Jahrhundert zurückreichend), welche als erste die Praxis identifizierbarer Reinkarnationen einführte. Es war traditionell immer so, dass der Karmapa seinen Nachfolger mittels eines „Vorhersage-Briefes" identifizierte, den er kurz vor seinem Ableben schrieb, worin er genau voraussagte, wo seine nächste Inkarnation zu finden sein würde.

Solch ein Brief – verfasst von Seiner Heiligkeit dem Sechzehnten Karmapa, der 1981 starb – führte einen Suchtrupp zum Haus einer Nomadenfamilie in Osttibet, wo ein achtjähriger Junge namens Apo Gaga als die wahre Wiederverkörperung des Karmapa identifiziert wurde.

Apo Gaga – also Karmapa Ogyen Trinley Dorje, so der neue Name, den er bei seiner Inthronisierung erhielt – war in Bakor geboren, Bezirk Lhatok, in der osttibetischen Provinz Kham, einem von Bergen umgebenen Nomadenland. Der Dzachu-Fluss strömt im Osten und der Drichu-Fluss fließt westlich davon. Die Hügel und Täler sind grünes Weideland, und Blumen in allen Farben bedecken im Sommer die Wiesen in großer Fülle. Man fühlt sich dort, als wäre man im Himmel angekommen.

Die Leute von Kham sind Kämpfer, bekannt für ihr kühnes und zähes Naturell, für ihren ausgelassenen guten Humor und ihre ungehobelten Manieren. Was es ihnen jedoch an Höflichkeit mangelt, das machen sie wieder wett durch ihre Ehrlichkeit und ihr unerschütterliches Vertrauen in die buddhistischen Lehren von Güte und Mitgefühl. Sie achten die Mönche und Älteren. Ihr Leben mag hart sein, sie haben aber eine tief verwurzelte Tradition, einander in Not und Bedrängnis zu helfen.

S.H. der Sechzehnte Karmapa Rangjung Rigpe Dorje

Lhatok, Kham.

Gegenüber: Der Siebzehnte Karmapa im Alter von sieben Jahren

Karmapas Vater: Karma Thondup

Karmapas Mutter: Loga

Der Karmapa wurde am ersten Tag des fünften Monats des Tibetischen Kalender, am 19. Juni 1985 bei Tagesanbruch geboren. Es ist in Tibet nichts Ungewöhnliches, dass Geburten großer Lamas von allen Arten von Zeichen und Wundern begleitet werden, und so war es auch beim Karmapa. Es wird berichtet, dass über dem Zelt, in welchem er geboren wurde, viele Regenbögen erschienen; Vögel machten ein himmlisches Konzert und der Klang einer Muschel konnte überall im Tal gehört werden – ein besonders glückliches Omen. Und dies, obwohl niemand gefunden wurde, der eine Muschel geblasen hätte, und auch niemals zuvor hatte eine Muschel je so laut getönt. Von diesem Moment an erwiesen die Leute aus der Gegend dem Jungen besondere Ehrerbietung, da sie wussten, dass er eine Wiederverkörperung eines großen Wesens war – auch wenn er zu jener Zeit noch nicht als die Reinkarnation von Karmapa erkannt wurde. Seine ältere Schwester nannte ihn Apo Gaga, was „glücklicher Bruder" heißt.

Sein Vater Karma Thondup und seine Mutter Loga waren gute Menschen, die von den anderen sehr gemocht und geachtet wurden. In ihrer Familie gab es sechs Töchter und drei Söhne, Apo Gaga eingeschlossen. Die Familie weidete Schafe, Ziegen und Yaks; in den Sommermonaten, wenn sie ihre Tiere zum Grasen auf gute Weiden trieben, lebten sie in einem Zelt aus Yak-Haar. Im Winter, wenn der Schnee das Grasen unmöglich machte, lebte die Familie in einer robusten Holzhütte, welche Karma Thondup errichtet hatte.

Die Familie war auf innige Weise der buddhistischen Praxis zugetan. Das Herzstück ihres Heimes war ein Schrein mit einer kleinen Statue des Buddha darauf, mit Butterlampen und Opferschalen. Auf dem Schrein gab es ein Bild des Sechzehnten Karmapa Rangjung Rigpe Dorje, zu dem Karma Thondup eine starke Verbindung hatte. Als Karma Thondup jung war, hatten ihn seine Eltern mitgenommen, den Karmapa zu sehen, der damals Kham besuchte, und es war tatsächlich Karmapa, der Karma Thondup seinen Namen gegeben hatte.

Das Leben war hart für die Familie; das Einzige, woran es nicht mangelte, war Liebe. Als Apo Gaga sehr jung war, gab ihm seine Mutter eine Schale voll in Milch gekochten Reises. Er erinnert sich jener Schale Reis als der köstlichsten Nahrung, die er jemals gegessen hatte, und er spricht immer noch davon. Sein Hauptspielgefährte war ein großer und starker Ziegenbock mit einem weißen Fleck und weißen Streifen und einem vielfarbigen Haarbüschel an seinem rechten Ohr. Diese Ziege war sehr wild, und niemand anderer konnte sie einfangen; sie folgte Apo Gaga jedoch sanft und widerspruchslos.

So verging also die Zeit, bis Apo Gaga sein achtes Jahr erreichte. Zu jener Zeit kam ein Suchtrupp von Karmapas Stammkloster Tsurphu in Zentraltibet zum Heim der Familie; sie waren den Anweisungen, die im Vorhersage-Brief des Sechzehnten Karmapa dargelegt waren, gefolgt. Apo Gaga wurde als die wahre und einzige Reinkarnation des Sechzehnten Karmapa, Rangjung Rigpe Dorje, erkannt. Seine Heiligkeit der Dalai Lama, der die unterstützenden Dokumente und seinen eigenen Traum, der den Ort der Geburt der gegenwärtigen Verkörperung kennzeichnete, in Betracht zog, erkannte den Jungen offiziell als den Siebzehnten Karmapa an. Am 17. Juni 1992 – zu Saga Dawa, dem Vollmondtag des vierten Monats des Tibetischen Kalenders, welcher Buddhas Geburtstag, Erleuchtung und Tod markiert – kam Karmapa in Tsurphu an. Hier wurde er am 27. September 1992 in einem ausführlichen feierlichen Zeremoniell von den zwei „Herzenssöhnen" des vorherigen Karmapa, den Eminenzen Situ Rinpoche und Gyaltsab Rinpoche, inthronisiert. Gleichzeitig verkündete ein anwesender Vertreter der Volksrepublik China die formale Anerkennung des Karmapa durch die Regierung, und erklärte, dass dies das erste Mal wäre, dass China die Reinkarnation eines Lama anerkannt hatte.

Repräsentanten von den Klöstern aller Schulen des Tibetischen Buddhismus, zusammen mit 50.000 Anhängern aus 34 Ländern versammelten sich in diesem entlegenen Kloster, um an der Zeremonie teilzunehmen und um dabei zu sein, als der Karmapa seine erste Ermächtigung von Chenrezig, dem Herrn des Mitgefühls, gab.

Der Karmapa kommt im Tsurphu-Kloster an, 1992.

Der Karmapa trägt einen schwarzen Zeremonial-Hut.

Der Karmapa mit S.E. Situ Rinpoche.

S.E. Gyaltsab Rinpoche.

Gegenüber: Der Karmapa, 1992.

Im Jahr 1994 wurde Karmapa zu einer Pilgerreise zu heiligen Plätzen in China eingeladen. Nachdem er im Potala-Palast – dem Stammsitz der Dalai Lamas – und ebenso im Jokhang Tempel Verehrung und Gebete dargebracht hatte, machte er sich in jenem September auf nach Peking. Dort wurde er bei einem Empfang durch den Chinesischen Präsidenten Jiang Zemin willkommen geheißen.

Die überaus wichtige Rolle, welche ihm die chinesischen Autoritäten während dieser Reise zuteilten, begann in Karmapas Geist Befürchtungen auszulösen, dass sie die Absicht haben könnten, ihn gegen den Dalai Lama und das wahre Anliegen des Tibetischen Volkes zu benutzen. Diese Befürchtungen verstärkten sich, als ihm seine wiederholten Ersuchen abgeschlagen wurden, seine Lehrer in Indien und sonstwo besuchen zu dürfen, um die Belehrungen und die Unterweisungen zu empfangen, die für seine spirituelle Entwicklung nötig wären.

„Ich befürchtete, dass die Chinesen mir aufzwingen könnten, eine komplizierte und hochgestellt klingende Position anzunehmen. Ich würde eine Schande für das tibetische Volk werden, wenn ich etwas tun müsste, das dem wahren Wohl Tibets schaden würde, und wenn ich mich gegen den Dalai Lama stellen müsste“, sagte er später.

Genau aus diesem Grund traf Karmapa im Jahr 1999 – mit 14 Jahren – die folgenreiche Entscheidung, nach Indien zu fliehen. „Der wichtigste Grund für meine Flucht war es, Belehrungen von S.H. dem Dalai Lama und anderen großen Lamas wie Situ Rinpoche und Gyaltsab Rinpoche zu empfangen“, erklärte er. „In all den Ländern meine ergebenen Schüler zu treffen und das Kloster Rumtek, den Sitz des Sechzehnten Karmapa zu besuchen, waren die zweiten Gründe.“

Er vertraute seine Entscheidung seinem Tutor Lama Nyima an und bat ihn, alle nur möglichen Vorbereitungen für seine Flucht zu treffen. Inzwischen war es dem Karmapa nicht möglich, Tsurphu ohne Genehmigung von der

Regierung zu verlassen, und seine Bewegungen innerhalb des Klosters wurden von Funktionären genau beobachtet. Karmapa folgte Lama Nyimas Plan und erzählte den Autoritäten des Klosters, dass er in der Nacht zum 28. Dezember in seinen Räumen alleine für sich in eine Meditations-Zurückziehung gehen wolle. Dort hat sich ihm sein Diener Zimpon Drupnam angeschlossen. Zum ersten Mal seit seiner Identifizierung legte Karmapa seine Mönchsroben ab und verkleidete sich mit der Hose und Jacke eines Arbeiters. Er hatte einen Wollschal um den Hals gewickelt und eine Haube tief über die Ohren heruntergezogen.

Als Zimpon Drupnam fragte, welche kostbaren Dinge sie mitnehmen sollten, sagte ihm Karmapa: „Wir riskieren unser Leben für die Lehren und um den Wesen zu nutzen. Wir brauchen nicht an irgendwelchen materiellen Dingen zu haften. Wir werden nichts Wertvolles mitnehmen.“ Sie verließen Tsurphu mit nichts außer dem, was sie für unterwegs brauchten.

Der Karmapa betete zu den Drei Juwelen und rief die Hilfe der Dharma-Schützer an, seine Mission erfolgreich zu machen. Dann kletterten er und Zimpon Drupnam aus dem Fenster und machten sich auf die Flucht. Jenseits der Klostermauern wartete ein Jeep. In einer Gruppe von fünf Menschen, Mönchen wie Laien, fuhr Karmapa abends um halb elf Uhr Ortszeit letzmalig von Tsurphu fort.

Aus Furcht, dass ihnen gefolgt werden würde, zerbrachen sie die Rücklichter des Jeep und fuhren dahin, als hätte die Nacht sie in einen Nebelschleier gehüllt. Aber so schnell sie auch fuhren, es kam ihnen vor, als würde der Wagen ständig feststecken und die Straße vor ihnen sich hinziehen wie ein elastisches Band. Oft verfuhren sie sich in der Dunkelheit, und dauernd hatten sie Angst, dass man sie aufhalten würde.

Schließlich trafen sie auf ein Militärlager an der Straße. Aus Furcht vor Entdeckung verließen Karmapa und zwei aus der Gruppe den Wagen und machten sich auf den Weg in die Hügel, mit der Absicht, sich auf der Straße

DER KARMAPA (MITTE) WÄHREND DER FLUCHT.

DER KARMAPA (LINKS) AN DER NEPALESISCHEN GRENHZE.

GEGENÜBER: DAS TSURPHU-KLOSTER.

Der Karmapa zu Pferde.

Erste Begegnung mit S.H. dem Dalai Lama in Dharamsala.

weiter unten auf der anderen Seite wieder dem Wagen anzuschließen. Da sie keine Taschenlampen verwenden konnten und kein Mond am Himmel stand, war dies eine gefährliche Kletterei, und sie stolperten über Felsbrocken und zerkratzten sich die Hände an Dornen. Als sie dann aber endlich die Straße auf der anderen Seite des Lagers wieder erreicht hatten, gab es vom Wagen keine Spur, und es dauerte ziemlich lange, bis die beiden Gruppen sich wieder fanden. Beide hatten größte Befürchtungen, dass die anderen geschnappt worden sind. Dies war einer der schwierigsten Momente, und ein jeder gestand, dass ihm das Herz bis zum Hals schlug. Danach mussten sie an mehr als einem Kontrollpunkt vorbeikommen, und jedes Mal war es, als wären sie Kriminelle auf der Flucht vor dem Gesetz. Es war ihr Glück, dass es die kälteste Zeit des Jahres war, und die Polizeigarden in ihren Baracken Unterschlupf gesucht hatten. Am 30. Dezember erreichten sie schließlich die nepalesische Grenze nahe Loyul, beunruhigt, geängstigt und übermüdet.

Die Flucht war ihnen gelungen, doch waren sie immer noch einen weiten Weg von der Freiheit entfernt. Die Straße endete hier, und sie mussten den Jeep aufgeben. Von da an reisten sie auf Pferderücken und zu Fuß.

Sie mussten auf hohe Berge steigen, in tiefe Schluchten klettern und Passdurchgänge durchqueren, die so eng waren, dass selbst Vögel davor Angst hatten hindurchzufliegen. Auf manchen Pfaden mussten sie auf allen Vieren kriechen, und ein kleinster Gleichgewichtsverlust hätte sie hundert Meter in den Abgrund stürzen lassen. Sie mussten das Schneegebirge überqueren, wo der Schnee niemals schmolz. Die extreme Höhenlage machte das Atmen schwer, und der Wind schnitt ihnen ins Fleisch wie ein scharfes Messer. Es gab blind machende Schneestürme, Erdrutsche und Steinsplitt, der wie Hagel auf sie niederging, und all dies drohte, sie wie in einer Falle einzuschließen oder sie das Gleichgewicht verlieren zu lassen und sie den Abhang des Berges hinunterzufegen in den sicheren Tod. Sie waren Tag und Nacht unterwegs, ohne sich Zeit für eine Rastpause gönnen zu können. Alle rangen sie nach Luft; niemand konnte sprechen und

das Essen hatte keinen Geschmack. Ihre Körper wurden schwach, völlig erschöpft und krank vom Klimawechsel und den Höhenunterschieden. Der Karmapa hatte sich am Rücken verletzt und Schmerzen durchbohrten seinen Magen. Er spürte tiefste Erschöpfung und Traurigkeit, doch hat er nie den Mut verloren. Am 2. Januar 2000 erreichten sie eine Hütte. Von dort aus war es ihnen möglich einen Hubschrauber zu mieten, um nach Yambu zu fliegen. Noch in der gleichen Nacht mieteten sie ein Taxi, überquerten die Grenze und erreichten das indische Hoheitsgebiet. Sie nahmen einen Zug nach Lucknow, dann fuhren sie mit einem Taxi weiter nach Delhi und von Delhi nach Dharamsala, dem Sitz der Tibetischen Exilregierung. Hier wurde der Karmapa am 5. Januar 2000 von Seiner Heiligkeit dem Dalai Lama empfangen.

Nach dem ersten Treffen mit S.H dem Dalai Lama.

Der Karmapa mit der Tibetischen Exilregierung.

Alle Erschöpfung von Körper und Geist, die Ängste und Schwierigkeiten der Reise, die Freude darüber, das ersehnte Ziel erreicht zu haben, unter den Schutz von Seiner Heiligkeit dem Dalai Lama zu gelangen, die Fülle von Liebe und Zuneigung, die ihm von Seiner Heiligkeit entgegengebracht wurde, sein weiser Rat und seine melodische Stimme – all dies erfüllte den Karmapa so, dass er weder weinen noch lachen konnte. Alle seine Befürchtungen waren nun von ihm abgefallen, als wäre eine enorme Last von seinen Schultern genommen. Der Dalai Lama und die Tibetische Exilregierung hießen ihn aufs Wärmste willkommen. Die tibetische Gemeinschaft im Exil und die Buddhisten der Himalaya-Region begrüßten ihn mit unvorstellbarer Freude und Hingabe. Die ganze Welt war fasziniert von seiner Flucht. Obwohl sich die Indische Regierung der politischen Empfindlichkeiten, die im Spiel waren, bewusst war, bot sie dennoch ihren Schutz an.

Der Karmapa und seine Gruppe schlugen ihren Wohnsitz im Hauptgebäude des Gyuto-Tantra-Klosters auf, das soeben im Dorf Sidhbari im Kangra-Tal nahe Dharamsala neu errichtet worden war. Voll Freude war er hier wieder vereint mit seinen Lehrern S.E. Situ Rinpoche und S.E. Gyaltsab Rinpoche und er begann, Belehrungen von ihnen wie auch von anderen Lamas zu erhalten. Alle seine Wünsche, wegen der er nach Indien gekommen war, begannen in Erfüllung zu gehen.

Der Karmapa mit S.H. dem Dalai Lama in Bodhgaya, 2003.

Mit seinem Lehrer, dem Ehrw. Khenchen Thrangu Rinpoche.

Gegenüber: Der Karmapa leitet eine festliche Gebets-Zeremonie, 2006.

Im März 2001 reiste der Karmapa zum ersten Mal nach Bodhgaya, dem Ort, an dem Buddha, der Edle, Erleuchtung erlangt hatte, und er besuchte viele heilige Plätze. Im nächsten Monat gab er seine erste Pressekonferenz. Mehr als 100 Journalisten von den Nachrichten-Medien aus aller Welt, unter ihnen BBC und CNN, versammelten sich in Dharamsala. Mit großer Selbstsicherheit, Würde und Genauigkeit beantwortete der 15-jährige Karmapa eine Bandbreite von Fragen über seine Flucht, seine Gefühle zum Anliegen des Tibetischen Volkes und dem Dalai Lama gegenüber, seinen Tagesablauf und seine Pläne für die Zukunft. Alle, die zugegen waren, waren von Karmapas großer Ruhe und Sammlung und der Kraft seiner Autorität beeindruckt. Ein Journalist schrieb später, dass alle Medien-Leute anfangs nur eine Frage ganz oben auf ihrer Liste hatten: „Sind Sie der echte Karmapa?" Bei der Pressekonferenz stellte jedoch niemand diese Frage, weil keiner das Gefühl hatte, dass es nötig wäre.

Im Jahr 2008 verließ Karmapa zum ersten Mal Indien, um Amerika zu besuchen. Die Besuche seines Vorgängers, des Sechzehnten Karmapa, während der Siebziger- und der Achzigerjahre waren für die westliche buddhistische Gemeinschaft historische Ereignisse gewesen und hatten zur Gründung von Karmapas Sitz in Amerika geführt, dem Karma Triyana Dharmachakra Kloster in Woodstock im Bundesstaat New York. Als Karmapa schließlich acht Jahre nach seiner Flucht seine Füße auf amerikanischen Boden setzen konnte, war dies Grund für ganz besondere Freude. Im Mai kam er in New York an, wo er vor großen Versammlungen von Menschen Dharma-Unterweisungen gab. Von hier reiste er dann nach Boulder und Seattle. Wo immer er hinging, waren die Menschen äußerst inspiriert von seiner Präsenz und der Qualität seiner Belehrungen, und bei allen war die Hoffnung groß, dass dieser Besuch ein erstes Beispiel dafür setzen würde, dass Karmapa überall auf der Welt hinreisen werde, um den Buddha-Dharma zu verbreiten.

Der Karmapa lebt weiterhin im Gyuto, wo seine Zeit dem Studium und der Praxis des Buddhismus gewidmet ist. In seiner freien Zeit liebt er es,

Gedichte zu schreiben, und ebenso genießt er das Malen und Musik. Er hat eine große Liebe für Tiere und die Natur, und er zeigt großes Interesse für die Umwelt. In seinen öffentlichen Ansprachen hat er oft von dem Erfordernis gesprochen, dass ein jeder Verantwortung für seine eigenen Handlungen zum Schutz der Umwelt übernehmen und sich seines Platzes in der Welt und seiner Beziehungen zu anderen bewusst sein sollte.

„Für die menschliche Spezies gibt es in dieser Welt zwei Umstände, die uns dazu bringen, uns weiterzuentwickeln", sagt er. „Die erste Bedingung ist, aus Angst heraus Schritte nach vorne zu machen. Alle Wesen einschließlich der Tiere machen dies so. Sie spüren eine Gefahr für die eigene Existenz, sie empfinden Furcht und Schrecken und finden einen Weg, für ihre Situation eine Abhilfe oder Verbesserung zu schaffen. Etwas voranzubringen, weil Du einen Nutzen oder Gewinn siehst, ist wahrscheinlich etwas, das hauptsächlich wir Menschen tun. Wir sind Wesen mit Verstand und Intelligenz. Wenn wir aber nur so vor uns hin existieren, ohne etwas von Bedeutung zu tun, dann sind wir nur ein weiterer Mund, der gefüttert werden muss, eine weitere Person, die Raum verbraucht, ein weiterer Körper, der die Welt übervölkert, und das bringt keinerlei Nutzen.

Während wir in dieser Welt leben, müssen wir Intelligenz an den Tag legen und unsere Vision für die Zukunft umreißen. Nur dann wird unser Dasein in der Welt bedeutungsvoll sein, und wir werden fähig sein, anderen Geschöpfen, die mit uns auf dieser Erde leben, von Nutzen zu sein."

Heute ist der Karmapa über einen Meter achtzig groß. Seine Gesichtszüge sind harmonisch. Er hat eine wohltönende klangvolle Stimme und ist sparsam mit seinen Worten; er sagt nur, was nötig und von tiefer Bedeutung ist. Er hat eine sehr gütige, aufmerksame Persönlichkeit. Er hat nicht einmal den Stolz eines gewöhnlichen Mönchs. Er scheint sehr geringe Anhaftung an seinen Namen und seinen Ruhm zu haben und Aufrichtigkeit und Wahrheit haben bei ihm einen sehr hohen Stellenwert. Er hat einen weiten Geist und kann sowohl guten wie schlechten Menschen und Ge-

Der Karmapa lehrt in Seattle, 2008.

Gegenüber: Der Karmapa in Boulder, Colorado, 2008.

Der Karmapa in Bodhgaya.

Gegenüber: Der Karmapa bei seiner Ankunft im Karma Triyana Dharmachakra

Kloster, Woodstock, New York, 2008.

Nächste Seite: Das Gyuto-Kloster.

schehnissen mit Gleichmut Raum geben. Er betrachtet alle Seiten einer Frage, bevor er irgendwelche Entscheidungen trifft. Er behandelt jede Person gleich, und macht dabei keinerlei Unterschied zwischen Personen von hohem und niederem Status. Es ist schwierig, ihm nahe zu kommen, wenn Du ihm aber einmal nahe bist, wird er Dich immer als einen Freund behandeln und daran wird sich nichts ändern. Er ist bereits sehr gebildet, und wenn er weiterhin so studiert wie bisher, dann wird er bestimmt ein großer Gelehrter werden.

Dies ist eine kurze aber wahre Geschichte.
Da gibt es keine Geschichte von Göttern und Dämonen.
Da gibt es keine Geschichte von Sieg und Eroberung.
Es ist einfach eine Aufzeichnung dessen, was wirklich geschah.

Da Seine Heiligkeit und mein Freund Ringu Tulku mich baten, für dieses Buch *Die Zukunft ist Jetzt* eine kurze Biographie des gegenwärtigen Karmapa zu schreiben, habe ich einfach einige Ereignisse im Leben Seiner Heiligkeit niedergelegt, wie ich sie von ihm und anderen aus seiner Nähe erfahren habe, ohne irgendetwas zu verändern.

Khenpo Gawang von Khyodrak

Geschrieben am sechsundzwanzigsten Tag des achten Monats des Erd-Maus-Jahres, siebzehnter Rabjung.

(25. September 2008)

Jayantu

DANKSAGUNGEN

Dieses Buch basiert auf meinen Unterweisungen und gelegentlichen Reflexionen. Ich möchte meine Wertschätzung für Gordon Campbell ausdrücken, der mich wiederholt ermutigt hatte, etwas wie dies für Leser allerorten anzubieten, insbesondere dabei an die Jugend denkend; dies gilt ebenso für Khenpo Gawang von Kyodrak, der mich bei der Auswahl und Bearbeitung der Aussagen unterstützte; und für Ringu Tulku, der sich bereit erklärte, den Text ins Englische zu übertragen. Ich danke ihnen allen aufrichtig.

Der Siebzehnte Karmapa, Ogyen Trinley Dorje

Gordon Campbell von der „Academy of Everything is Possible" steht tief in Seiner Heiligkeit Karmapas Schuld für seine Güte und Großzügigkeit. Er dankt all jenen, deren unschätzbare Hilfe und Unterstützung dieses Projekt ermöglicht haben: Seiner Heiligkeit dem Dalai Lama, Ringu Tulku Rinpoche, dem Ehrwürdigen Dilyak Drupon Rinpoche, Khenpa Gawang, Ngodup Tsering Burkhar, Paul O'Connor, Paula Litzky, Patricia Gift, Mick Brown, Holly Gayley, Matthieu Ricard, Robert A. F. Thurman, der Karmapa Foundation, Karma Triyana Dharmachakra, Rüdiger Findeisen, Andrew Firman, Lynn C. Franklin, Robert und Lauren Hensey, Rebecca Jobson, Michelle Kelly, Satish Kumar, Paul K., Peter Lamborn Wilson, Gaby Naher, Bernice Paolozzi, Gordon Ryan, Bipin Shah, True Sims und den Mönchen des Gyuto Tantric Monastery. Er dankt ebenso all jenen, die am Interview in Dharamsala teilgenommen haben: Nana Ayim, Chantal Fortune, Charlotte Fraser, Naomi Kirwan, Francesca Marks, Alexandra McGuinness, Joseph Parmet, Jasper Reynolds, Cha Cha Seigne, Ananta Kr. Shresta und Robbie Stiefel.

BILDNACHWEIS

Der Verlag bedankt sich bei den Photographen und Organisationen für ihre freundliche Genehmigung, die folgenden Bilder in diesem Buch wiederzugeben:

Cover James Gritz / © Karmapa Foundation. **v-vii** Paul O'Connor. **3** Aman Sharma / AP / PA Photos. **5** James Gritz / © Karmapa Foundation. **7-8** Paul O'Connor. **11** Robin Bartholick / Getty Images. **12** Clemens Kuby. **14** Columbine High School Shooting, Second Anniversary Memorial Service, Littleton, Colorado, April 20, 2001. Michael Smith / Getty Images. **17** Paul O'Connor. **19** Beverly Joubert / National Geographic / Getty Images. **21** Paul O'Connor. **23** Paul Chesley / Getty Images. **24** Brad Wilson / Getty Images. **27** Paul O'Connor. **28** Cary Wolinsky / Getty Images. **31** Didier Robcis / Getty Images. **33** Peter H. Sprosty / Getty Images. **35** Paul McCormick / Getty Images. **37** Terry Vine / Getty Images. **38** Karen Moskowitz / Getty Images. **41** Karan Kapoor / Getty Images. **42** Masaaki Toyoura / Getty Images. **45** Chris Windsor / Getty Images. **47** Paul O'Connor. **48** Frank Barrett / Getty Images. **52-53** Paul O'Connor. **55** Gen Nishino / Getty Images. **56** Phillip Underdown / Getty Images. **59** CMSP / Getty Images. **60** Paul O'Connor. **63** Tim Hall / Getty Images. **65** Steve Taylor / Getty Images. **66** Lori Adamski-Peek / Getty Images. **69** Mike Powell / Getty Images. **71** Russell Illig / Getty Images. **73** Ray Massey / Getty Images. **75** JFB / Getty Images. **77** Paul Gilham / Getty Images. **79** Paul O'Connor. **80** Leland Bobbe / Getty Images. **83** Paul O'Connor. **85** Daniel Sheehan / Getty Images. **87** Tim Flach / Getty Images. **88** Fernando Leon / Getty Images. **91** Scott Sroka / National Geographic / Getty Images. **92** Paul O'Connor. **95** Christian Hoehn / Getty Images. **96** Absodels / Getty Images. **98** Nicholas Rigg / Getty Images. **101** Steve Cole / Getty Images. **102** Getty Images. **104** David Malan / Getty Images. **107** Sandro Miller / Getty Images. **108** Yuri Cortez / AFP / Getty Images. **111** Loungepark / Getty Images. **113** Pnc / Getty Images. **114** Christopher Furlong / Getty Images. **116** Dennis O'Clair / Getty Images. **119** Ray Pietro / Getty Images. **121** D. Falconer / PhotoLink / Getty Images. **122** Colorblind / Getty Images. **125** Paul O'Connor. **126** Noel Hendrickson / Getty Images. **129** John Knill / Getty Images. **130** Time & Life Pictures / Getty Images. **133** USAF / Getty Images. **134** Poncho / Getty Images. **137** Emmanuel Faure / Getty Images. **138** China Tourism Press / Getty Images. **141** Stephanie Rausser / Getty Images. **142** Julie Toy / Getty Images. **145** Kelvin Murray / Getty Images. **146** David McNew / Getty Images. **149** Mitch Epstein / Getty Images. **150** Marco Polo / Getty Images. **153** Paul O'Connor. **155** Grant Faint / Getty Images. **157** Betsie Van der Meer / Getty Images. **158** Nadia Mackenzie / Getty Images. **161** Martin Barraud / Getty Images. **163** H.H. the Dalai Lama with Canon Barry Dodds (left) and Father Gerry Reynolds, Belfast, October 19, 2000. Dara Mac Donaill / The Irish Times. **164** Bill Bachman / Getty Images. **167** Rodney King and Los Angeles police officers, March 3, 1991. CNN / Getty Images. **168** Alison Wright. **171** Junko Kimura / Getty Images. **172** Ryan McVay / Getty Images. **175** Peter Cade / Getty Images. **177** Paul Thomas / Getty Images. **178** Paul O'Connor. **181** Justin Guariglia / Getty Images. **182** Popperfoto / Getty Images. **185** Ahmad Al-Rubaye / AFP / Getty Images. **186** Paul O'Connor. **189** Penny Tweedie / Getty Images. **190** Paul O'Connor. **193** Dan McCoy / Rainbow / Getty Images. **195** Andre Lichtenberg / Getty Images. **197** Paul O'Connor. **198** Verko Ignjatovic / Getty Images. **201** Martin Barraud / Getty Images. **203** Alison Wright / Corbis. **204** David Harriman / Getty Images. **207-209** Paul O'Connor. **211** Windsor & Wiehahn / Getty Images. **213** Gandee Vasan / Getty Images. **215** Donald Miralle / Getty Images. **217** Hajime Ishizeki / Getty Images. **219** Jason Hetherington / Getty Images. **221** NASA Goddard Space Flight Center Image by Reto Stöckli (land surface, shallow water, clouds). Enhancements by Robert Simmon (ocean color, compositing, 3D globes, animation). Data and technical support: MODIS Land Group, MODIS Science Data Support Team, MODIS Atmosphere Group, MODIS Ocean Group. Additional data: USGS EROS Data Center (topography), USGS Terrestrial Remote Sensing Flagstaff Field Center (Antarctica), Defense Meteorological Satellite Program (city lights). **223** Matthieu Ricard / Getty Images. **224-225** Courtesy of H.H. the 17th Karmapa. **226-228a** Ward Holmes. **228b** Courtesy of H.H. the 17th Karmapa. **229** Clemens Kuby. **230-234** Courtesy of H.H. the 17th Karmapa. **235** Paul O'Connor. **236** James Gritz / © Karmapa Foundation. **237** James Gritz / © Karmapa Foundation. **238** Paul O'Connor. **239** Robert Hansen-Sturm / © Karma Triyana Dharmachakra **240-242** Paul O'Connor. **245** James Gritz / © Karmapa Foundation.

Es ist jede Anstrengung unternommen worden, Copyright-Halter auszuforschen. Sollten wir jedoch jemanden ausgelassen haben, entschuldigen wir uns und werden dies, falls informiert, in künftigen Auflagen entsprechend korrigieren.

QUELLEN

Wenn er nicht reist, dann gibt Seine Heiligkeit der Siebzehnte Gyalwang Karmapa, Ogyen Trinle Dorje, regelmäßig öffentliche Audienzen an seinem temporären Aufenthaltsort, dem Gyuto Kloster in Dharamsala in Indien. Dharamsala, der Sitz der Tibetischen Exilregierung, liegt an den Ausläufern des Himalaya, ungefähr 500 km nördlich von New Delhi.

Die beste Informationsquelle über Seine Heiligkeit ist seine offizielle Website. Sie wird vom Kagyü-Office betreut und vermittelt Informationen über seine gegenwärtigen Aktivitäten, seine Zeit- und Terminpläne, seine Projekte und seine persönliche Geschichte.
www.kagyuoffice.org

Es gibt weltweit viele Dharma-Zentren der Karma Kagyü-Linie, alleine in den Vereinigten Staaten mehr als hundert. Eine detaillierte Liste der Zentren findet man hier:
www.kagyuoffice.org/dharmacenters.html

Für mehr Informationen über den historischen Besuch von Seiner Heiligkeit 2008 in den USA und Videos davon, siehe:
www.karmapafoundation.org

Informationen zum ersten Europa-Besuch von Seiner Heiligkeit Karmapa Ogyen Trinely Dorje im Juni 2010:

www.karmapanetwork.eu

www.khoryug.com/vision
www.ecobuddhism.org

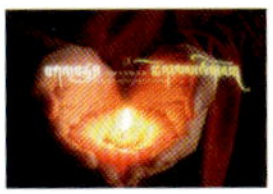

www.kagyumonlam.org

www.kagyu.org

Webseiten von Karma Kagyü Dharma Zentren

DEUTSCHLAND

Bodhicharya Deutschland e.V. www.bodhicharya.de
Benchen Phuntsok Ling e.V. www.benchen.org
Dharma Tor www.dharmagate-ammersee.de
Kamalashila Institut for Higher Buddhist Studies www.kamalashila.de
Karma Kagyu Gemeinschaft Deutschland e.V. www.karma-kagyu-verein.de
Kagyu Benchen Ling e.V. www.kagyu-benchen-ling.de
Karma Changchub Chö Phel Ling www.kcl-heidelberg.de
Karma Dhagpo Gyurme Ling, Muenchen www.karmapanews.de
Karma Sherab Ling www.kagyu-muenster.de
Karma Thekchen Chöling www.ktc-Bremen.de
Karma Thekchen Yi Ong Ling www.halscheid-retreat.de
Karma Tengyal Ling e.V. www.karma-tengyal-ling.de
Rigpe Dorje Verein e.V. http://rigpe-dorje-verein.de
Shambala Europe www.shambala-europe.org
Theksum Tashi Chöling (TTC Hamburg) www.ttc-hamburg.de
Theksum Tashi Chöling (TTC-Berlin) www.ttcberlin.de
Bodhicharya Bookholzberg e.V www.bodhicharya-bookholzberg.de

ÖSTERREICH

Maitreya-Institut www.maitreya.at
Nalandabodhi Vienna www.nbvienna.org
Palpung Yeshe Chökor Ling www.palpung.eu
Karma Chagchen Ling kclvienna@yahoo.com

DIE ZUKUNFT IST JETZT

108 RATSCHLÄGE, UM EINE BESSERE WELT ZU SCHAFFEN